本书由上海市马克思主义理论学科发展支持计划（2020）、上海工程技术大学青年科研团队培育计划（2021）及"上海市战略性新兴产业竞争力研究中心"软科学基地资助出版。

法律与社会

—

中国特色科技创新治理体系

——主体、能力与战略

吴 超 李卓繁 著

天津出版传媒集团

天津人民出版社

图书在版编目（CIP）数据

中国特色科技创新治理体系：主体、能力与战略 / 吴超，李卓繁著 . -- 天津：天津人民出版社，2021.9
ISBN 978 - 7 - 201 - 17657 - 4

Ⅰ.①中… Ⅱ.①吴… ②李… Ⅲ.①技术革新—研究—中国 Ⅳ.①G322.0

中国版本图书馆 CIP 数据核字（2021）第 185121 号

中国特色科技创新治理体系：主体、能力与战略
ZHONGGUO TESE KEJI CHUANGXIN ZHILI TIXI：ZHUTI、NENGLI YU ZHANLÜE

出　　版	天津人民出版社
出 版 人	刘　庆
地　　址	天津市和平区西康路 35 号康岳大厦
邮政编码	300051
邮购电话	（022）23332469
电子信箱	reader@ tjrmcbs.com
责任编辑	章　桢
封面设计	中联华文
印　　刷	三河市华东印刷有限公司
经　　销	新华书店
开　　本	710 毫米×1000 毫米　1/16
印　　张	13.5
字　　数	165 千字
版次印次	2021 年 9 月第 1 版　2021 年 9 月第 1 次印刷
定　　价	85.00 元

前　言

　　科技创新治理是国家治理治理体系和治理能力现代化的重要组成部分。改革开放以来，我国不断探索中国特色科技自主创新的发展道路，逐步建立起与之相适应的科技创新治理体系。中国特色科技创新治理体系具有鲜明的时代特征、深厚的发展潜力和显著的制度优势。在面向新时代的发展与完善过程中，中国特色科技创新治理体系愈益重视调动和组织各类创新主体高效参与科技创新治理，为我国提高自主创新能力、跻身世界科技强国提供了可靠保障。

　　本书所研究的中国特色科技创新治理体系相关理论与实践问题，主要涉及以往学界研究较为忽视的高等学校、科研院所、科技社团三大科技创新治理主体。研究将在深入探讨各个治理主体作用发挥与能力建设的基础上，进一步思考新时代中国科技治理体系和治理能力现代化的发展战略。

　　高等学校是科技创新的主力军，也是支撑创新型国家建设的重要力量。我国进入高等教育大众化阶段，高等学校办学类型多样化、功能定位多元化，已经成为高等教育发展的必然趋势。不同类型的高等学校在人才培养、科技创新、社会服务、文化传承等功能领域有着不同的办学定位；各类高等学校依据自身功能定位，在科技创新治理体系中发挥着各自独特作用。各级教育主管部门应当引导不同类型的高等学校在科技创新中找准作用发挥空间并形成整体合力，从而推动高等学校成为科技创新创业人才培养和集聚高地，成为重大科学发展、原创技术和高新技术的重要策源地，更好为新时代中国科技创新事业发展贡献力量。

高等学校的创新活动以科技创新为中心，进一步衍生为知识创新、技术创新、人才创新和文化创新。其中，知识创新是科技创新的基础。良好的知识创新基础可以从根本上提高一个国家的科技创新水平，而高等学校就是知识创新的源泉之一。高等学校的技术创新是一个国家自主创新能力的基础。高等学校的技术创新与国家自主创新能力的关系，主要通过企业的创新来体现。"我国企业科研能力普遍薄弱，需要寻求外部的技术来源，而高等学校的技术创新就成为了支持企业创新基础能力建设的重要来源。"① 高等学校聚集的大量创新人才是支撑科技创新的重要人力资源。人力资源是创新型国家建设最重要的资源之一，提升国家自主创新能力需要具有创新精神的人力资本，而高等学校对经济社会发展的最根本贡献就是培养各类创新人才。高等学校的文化创新则是国家科技创新文化环境的重要组成部分。高等学校不仅向全社会传播高层次文化知识，更能有效集聚人文科学、社会科学和自然科学等领域的专家名人，从而促进创新思想的交融与碰撞。

与国外研究型大学相比，我国研究型高等学校服务科技强国建

---

① 王瑞文、张嘉、盛刚：《国内外创新型城市建设中高校科技创新能力分析》，《科技与经济》，2011 年第 3 期。

设仍然存在短板，其能力差距集中体现在：顶尖人才相对匮乏、原创性突破性成果较少、科技成果转化率较低、创新动力和能力不足、对产业升级和创新发展的贡献度还有待提高。相对于西方发达国家研究型大学在科技创新治理中的突出作用，我国研究型高等学校缺乏全球顶尖人才，科学研究缺乏原创性，基础研究水平相对较低。此外，科技成果转化率较低也使得应用型高等学校难以在经济转型与产业升级中起到引领作用。①

造成这些能力差距的主要原因有：高等学校层级制的学术治理结构抑制了跨学科的发展，推动科技创新和原创性成果生产必须依赖多学科的交叉融合，而我国高等学校的学术组织机构以纵向科层制结构为主，缺乏充足的科研机构及横向交叉学科设置。高等学校科技创新外部治理体系不够完善，高等学校的教学和科研往往各自为政，资源聚合较难，这使得高等学校教学科研工作产生多头管理、各自为政、分散投资、重复建设、重叠研究的局面；高等学校科研投入总量不够大，投入结构也不尽合理，用于基础研究的经费投入比例明显偏低；政府干预过强，市场引导缺失，高等学校从社会吸引资金的渠道不畅通；各级教育主管部门缺乏有效的政策引导，导致不同类型高等学校在科技创新中定位不准。高等学校科技创新内部治理体系不够健全，高等学校对政府过度依附，排斥市场机制和社会参与，学术权力行政化倾向比较严重，人才培养同科技创新契合度有待提高，适应科技创新团队集成的职称评定制度亟须完善。

跟高等学校一样，科研院所既是创造性科学研究活动的重要场

---

① 赵清：《大学发展与创新型城市建设的互动关系分析》，《北京交通大学学报》（社会科学版），2010 年第 2 期。

所，也是国家实施创新驱动发展战略、推进科技创新治理的重要主体。进入新时代以来，多学科协同科技创新攻关已成为科研院所开展科学研究的一项重要制度安排，也是科研院所进行研发创新的一条重要途径。一般而言，科研院所在开展多学科协同科技创新攻关过程中，都会与政府、企业、高等学校、科技中介组织等相关创新主体携手合作，就国家和地方重大科技攻关项目或行业亟须解决的关键技术问题进行分工协作，以求取得重要进展或突破。但我国科研院所多学科协同科技创新攻关也存在一些问题：多学科协同受制于传统学科的影响，其科研团队和组织管理缺乏充足的体制和经费支持与保障，缺乏健康发展的空间和平台；我国对多学科协同科技创新攻关的理论研究较为滞后，对多学科协同科技创新攻关的内在规律缺少深刻把握；各类科研院所缺乏多学科研究组织协同创新运行机制的支撑条件与管理策略。

作为科技创新的主要生力军，我国各类科研院所应当重新审视多学科协同自主创新的必要性和可行性，积极探索多学科协同科技创新攻关的有效路径，推动建立多主体协作、多学科协同的科技创新联盟，联合开展重大科研项目或关键核心技术攻关，争取获得突破性创新成果，为我国解决科技领域"卡脖子"问题做出积极贡献。

要提高科研院所科研组织结构的整合性与协同性，兼顾学科导向与问题导向，就必然要对现有的直线职能制学科组织结构进行改革，构建一种新的学科组织结构。矩阵式组织结构和管理模式便应运而生。矩阵式组织结构在企业科技项目管理领域已取得成效，但对其是否适用于各类科研院所多学科协同科技创新攻关，仍有待做进一步的理论研究与实践探索，这涉及科研院所的运行特性、多学科协同科技创新攻关的特殊规律，以及矩阵式管理在科技创新中的优势与缺陷等。笔者认为，我国科研院所可以尝试建立一种基于矩阵式结构的多学科协同组织，这种组织形式既能纵向联系科研院所内部各级职能部门，又能横向跨学科展开创造性科学研究，从而兼顾了分工与协作、集中与分权之间的关系，体现了富有弹性的科研资源配置与管理特征，能够适应新时代科技创新的现实需要。

科技社团是经济振兴、科技进步和社会发展的重要支持力量，在科技创新治理多元化、全民科学素质提升、社会创新氛围营造等方面起着至关重要的作用。当前我国科技社团可以分为综合性科学技术协会、学术性科技研究团体、高科技企业行业协会、科技性专业人士协会等核心类别，以及枢纽型科技社会组织、科技类民办非企业单位、科技基金会等外延类别。这些科技社团展示出其他类型社会组织所不具备的发展特征：一方面，它们在服务创新驱动发展战略、承接政府科技创新服务职能转移、提供持续社会创新驱动力等方面发挥着重要的"第三极"作用；另一方面，它们是联结各类创新主体与环境的最有效纽带，具备其他社会组织难以媲美的创新型国家治理氛围营造的功能。[1]

科技社团承接政府科技创新服务与管理职能，就是要将科技领域中政府做不好、高等学校和科研院所无心做、高新企业不愿做的部分，通过政府购买服务或委托服务的方式，交由科技社团予以完成。[2] 我国科技社团的培育发展具有自身特色与优势：近年来采用

---

[1] 吴超、张健明：《科技社团参与创新型城市社会治理的机制研究——以上海建设"全球科创中心"为例》，《学会》，2017 年第 12 期。

[2] 吴超、张健明：《科技社团参与创新型城市社会治理的机制研究——以上海建设"全球科创中心"为例》，《学会》，2017 年第 12 期。

直接登记管理和相应激励机制，取得显著效果；承接政府职能种类日益丰富；社会服务能力得到大幅提高。但在科技社团参与科技创新治理体系建设过程中也存在一些突出问题，主要表现为：培育机制薄弱、层级差距过大、政策法规滞后、主体地位不明晰、治理结构不完善、服务质量不过硬、市场竞争不力等。

我国建设世界主要科学中心和创新高地，离不开具有雄厚实力和国际影响力的科技社团的支撑。因此，必须着力理顺科技社团与政府、市场、社会之间的关系，帮助科技社团找准自身功能定位，并向其提供必要的政策扶持与资源配置，具体政策建议包括：完善"社会化、专业化、网络化、信息化、国际化"的科技社团发展机制、建立健全以各级科协为核心的枢纽型科技社团、完善政策及财政支持体系、强化政府以购买服务促进自身职能转移、落实依法自治同依法监管并举、培养专职与专业相结合的高质量人才队伍、促进国际品牌建设与能力提升、建设开放式科技信息交互平台等。

目　录
CONTENTS

第一章

新时代科技创新治理体系建设的国际视角

当今世界，科技创新已经成为提升综合国力的关键支撑点。近年来，各国高度重视科技创新，许多国际性大都市已成功转型为全球创新网络节点城市。进入新时代，我国明确提出了"建成世界科技强国"的奋斗目标，习近平总书记强调："中国要强盛、要复兴，就一定要大力发展科学技术，努力成为世界主要科学中心和创新高地"，"我们比历史上任何时期都更需要建设世界科技强国！"① 对标这一奋斗目标，国内许多大城市积极制定了建设"具有全球影响力的科技创新中心"的发展蓝图。全球科技创新中心的形成，是各种创新主体与创新环境良性互动的结果。在中国特色社会主义现代化建设过程中，亟须各类主体协同参与科技创新治理体系的构建与运作。

① 习近平：《努力成为世界主要科学中心和创新高地》，《求是》，2021年第6期。

第一节　全球科学技术革命的未来展望

未来三十年，是我国实现第二个百年目标的关键时期。按照目前世界科技创新愈益加速的态势，预计全球科技革命将在多个领域取得重大突破。

一、基础研究领域将实现重大突破

信息技术、生命与健康技术、能源与资源技术、纳米与材料技术、农业技术、制造与工程技术、人工智能技术和地球工程与空间技术等领域的重大突破，将对人类的生产和生活产生深远影响。其中，移动互联网、知识工作自动化、物联网、云计算、先进机器人、自动驾驶车辆、下一代基因组、储能、3D 打印、先进材料、非常规油气勘探开发、可再生能源等颠覆性技术，极有可能重构全球制造业体系与价值链体系。同时，科技创新不断从单点突破演变为体系化推进，并加速向经济、社会、文化等各个领域扩散和渗透。①

---

① 肖林：《在不确定中谋划相对确定的未来——面向 2050 年的上海发展战略》，《科学发展》，2016 年第 1 期。

二、全球创新模式将产生重大变革

全球化、网络化和科技进步将科技创新活动推向高潮，呈现出创新主体多样化、创新活动全球化，以及创新系统开放化的特征。需求拉动型与供给驱动型科技创新并驾齐驱，科技资源网络化布局和开放式科技创新渐成主流，数字化、智能化、个性化、绿色化将成为科技创新演进的主要方向，定制化、平台化、开放化将成为创新范式转变的明显趋势，而融合化、团聚化、加速化将成为创新周期的总体特征。

三、全球创新版图将向多极化演进

目前全球科技革命的重心仍然在发达国家，主要发达国家在科技革命中的领先地位不会发生根本性动摇，但新兴经济体的创新力量正在迅速崛起，特别是亚洲板块，将崛起成为推动世界全球创新的主动力。[①] 因此，全球科技创新版图将向多极化进一步发展，并形成更复杂的版图及抗衡。预计美国仍将在一些领域保持基础科学与研发的全球领先地位；欧盟将在总体上保持某些方向上基础研究领域的优势地位；中小发达国家将在大量细分领域开辟出新的机会；中国正在加快基础科学的发展，随着综合创新能力的显著提升，将

---

① 肖林：《在不确定中谋划相对确定的未来——面向 2050 年的上海发展战略》，《科学发展》，2016 年第 1 期。

有望跻身世界科技强国;① 日本科技创新的重点主要放在工程技术发展、产品创新，以及服务市场投放上。美国、欧洲、中国等都有可能成为世界新一轮科技创新中心与策源地。

四、全球科技产业将发生重大变革

科技创新已成为全球经济增长的最主要驱动力，它正在从各国谋求打造经济新增长极的一种政策工具，全面升级为一种重要的全球竞争战略。新技术、新产业正在成为各国激烈竞争、极力争夺的制高点。② 科技创新也将颠覆现有商业秩序和商业模式。

新一代信息技术将成为催生产业变革的重要引擎——新能源技术将引发能源结构变革，新材料技术将促进基础材料产业向功能化、绿色化发展，现代制造技术将推进全球制造向智能化、服务化迈进，生物技术将推动更广泛领域的可持续发展。

科技革命将对传统经济结构产生深远影响——制造业可能更趋本地化；低成本机器人有可能改变技能竞争格局；虚拟的个性化服务将改变服务供给模式与空间分布；物联网与农业机器人的广泛应用，将使农产品的工业化生产和全程监控更为高效；转基因作物优势将进一步凸显。同时，科技革命将促使产业组织方式向网络化、平台化、扁平化方向发展；③ 产业组织方式将从物理集聚转向网络空间集聚，呈现上下游企业之间的垂直互联、区域内企业的水平互

---

① 胡鹏：《习近平科技思想研究》，电子科技大学博士论文，2018 年。
② 肖林：《在不确定中谋划相对确定的未来——面向 2050 年的上海发展战略》，《科学发展》，2016 年第 1 期。
③ 同上。

联、生产者与消费者之间端端互联的组合式创新网络格局，企业将更加注重提高效率与快速响应，生产组织扁平化将促进微型跨国公司快速成长。

第二节　中国科技创新能力的提升需求

　　未来三十年，中国科技创新能力将得到显著提升，特别是中国在全球科技创新战略格局中的地位将迅速上升。未来较长一段时间内，西方科技强国在知识技术密集型产业、高价值专利、研发投入强度等领域仍占有优势，而中国将在新材料、智能制造、先进能源、生物技术、信息技术、海洋技术、太空技术等领域，实现由"跟跑"向"并跑"的转变，部分高端领域甚至可能实现"领跑"。[①] 随着中国科技与产业的深度融合，人们的生产生活方式将发生重大变革。中国在建成创新型国家后，将真正实现中华民族伟大复兴，成为世界主要科学中心和创新高地。

　　目前中国综合科技实力和创新综合竞争力已居于世界前列，科技进步对经济增长的贡献率即将超过70%，科技创新正在成为经济增长的主要驱动力量，国家引导和市场机制主导有机结合的中国创新发展模式已逐步形成。[②] 在这一过程中，北京、上海、广东、江

[①] 肖林：《在不确定中谋划相对确定的未来——面向 2050 年的上海发展战略》，《科学发展》，2016 年第 1 期。

[②] 马秀贞、孙习武：《高端战略推进经济转型的理论逻辑与实践路径——以青岛市为例》，《中共青岛市委党校（青岛行政学院）学报》，2016 年第 3 期。

苏等逐渐成为中国的"创新极"，中国科技创新空间出现"多点爆发"的态势。

以上海为例，改革开放以来，历届上海市委、市政府始终高度重视科技创新对经济社会发展的巨大推动作用，着力提高自主创新能力并加快创新型城市建设。"十三五"期间，上海大力推动创新驱动发展、经济转型升级，为站在更高起点上推进以科技创新为核心的全面创新，为加快向"具有全球影响力的科技创新中心"进军打下了良好基础。[①]

近年来，上海科技实力与核心竞争力稳步增强。2020年全社会研究与开发（R&D）经费已达到全市GDP的4.1%，投入强度位居全国前列。[②] 2020年，上海在亚太地区知识竞争力版图中进入亚太地区前五名，位居第四。[③] 上海成功举办了中国国际工业博览会、中国（上海）国际技术进出口交易会、浦江创新论坛等国际级创新会展与论坛，科技创新的国际影响力进一步提升。

近年来，上海已形成较强的科技和产业创新领域。光刻机、高端影像诊疗、重大新药等成果率先打破国外垄断，C919大飞机、航空发动机等重大科技任务有力推进。2020年，上海战略性新兴产业总产值占规模以上工业总产值的比重已提升到40%。在数字经济中，软件和信息服务业营业收入增长12%以上，新一代信息技术产值增长6.2%，产业支撑能力不断增强。[④] 以互联网为核心的信息技术在

---

① 黄倩蓉：《创新城市发展模式的上海实践》，《城乡建设》，2019年第12期。
② 上海市科学技术委员会编：《2020上海科技进步报告》，2020年，http://stcsm.sh. gov.cn/newspecial/2020jb/。
③ 《2020亚太知识竞争力指数发布 上海上升一位至第四》，《新民晚报》，2020年11月13日。
④ 周洁、刘绮黎：《请你翻开这一年的城市账单》，《新民周刊》，2021年2月7日。

上海被广泛应用。随着互联网与信息技术的应用面扩展到城市建设、教育文化、健康信息、民生服务、电子政务、经济发展等领域，上海的电子商务迅速崛起，网络游戏、第三方支付、信息资讯、贸易信息服务等齐头并进。① 上海已实行政府数据资源向社会开放，以大数据开放为政府管理效能提升、促进信息消费发展提供条件。

目前，上海具备较好的改革创新基础条件。围绕上海自贸试验区、张江自主创新示范区、浦东综合配套改革、教育综合改革等重大改革，上海开展了政府职能转变、股权激励、科技成果处置权下放、国际人才引进、市场监管、知识产权行政执法"三合一"等改革创新实践，建立了多级政府联动的企业服务机制，形成了全社会支持创新创业的良好氛围。

2014 年 5 月，习近平总书记在上海考察期间，提出上海要建设"具有全球影响力的科技创新中心"的战略要求。2015 年 5 月，上海市委、市政府发布了《关于加快建设具有全球影响力的科技创新中心的意见》，确立了建设"具有全球影响力的科技创新中心"的战略目标和战略步骤。上海建设"科技创新中心"的"两步走"规划为：第一步，2020 年前，形成"科技创新中心"的基本框架体系；第二步，到 2030 年，形成"科技创新中心"的城市核心功能。建设"具有全球影响力的科技创新中心"已成为上海总体发展战略目标之一，从而在"四个中心"的建设基础上，形成了"1+4"的现代化国际大都市的发展战略布局。

尽管上海实施创新驱动发展战略取得了良好进展，为新发展阶

---

① 张凤：《2012 年上海信息化发展统计监测报告》，《统计科学与实践》，2014 年第 1 期。

段向"具有全球影响力的科技创新中心"进军奠定了坚实基础，但仍存在创新动力不足、活力不强，研发设施、平台和科技创新园区集聚不够、能级不高等突出问题，在政府管理、创新人才、创新投入和退出机制、科技成果转化与收益分配等方面也存在软、硬件障碍，需要进一步优化和完善科技创新环境。

第三节　全球科技创新中心的构成要素

当今世界，全球科技创新中心是一个国家综合科技实力的集中体现和核心依托。全球科技创新中心建设已成为发达国家提升国家综合竞争力和应对新一轮科技革命挑战的重要举措。近年来，纽约、伦敦、新加坡、东京、首尔等城市先后提出了建设全球或区域"科技创新中心"的战略目标，并先后出台了相应的战略规划和政策措施。①

在国内，北京中关村率先提出了建设"科技创新中心"战略，国务院印发了《北京加强全国科技创新中心建设总体方案》。与此同时，我国其他城市也纷纷提出了建设"科技创新中心"战略。探索"科技创新中心"建设的实践路径，成为国内诸多特大城市推动创新发展的战略选择。

---

① 袁红英、石晓艳：《区域科技创新中心建设的理论与实践探索》，《经济与管理评论》，2017年第1期。

一、"科技创新中心"的内涵表述

在我国，"科技创新中心"是一个新兴概念，学界对其内涵及外延还没有统一的认识。① 不过，国外早就有对"科技创新中心"相关概念的论述和解读。日本科学史学家汤浅光朝首次运用量化指标，界定"世界科学活动中心"的范畴。他提出，当某个国家在一段时期内的科学成果数超过世界总量的 25%，即可认定其为"世界科学活动中心"。此后，2000 年美国《在线》杂志首次提出"全球技术创新中心"的概念，并评选出当年 46 个"全球技术创新中心"。2011 年，在澳大利亚智库"2 Think Now"发布的《全球最具创新力100 城市排行榜》中，将全球 100 个城市细分为支配型城市（Nexus cities）、中心城市（Hub cities）和节点城市（Node cities）三个等级。②

在国内，有学者提出了诸如"国际研发中心""科技创新城市""国际创新中心"等概念。但是这些概念侧重技术创新层面，强调企业的技术创新能力，以及对区域技术发展和产业发展的影响。③ 比如，纪宝成（2009）认为，创新城市应当满足四个方面的要求，即技术创新能力提升、制度创新能力提升、促进资源有效配置和不断优化增长方式。④ 王兵兵（2013）提出，创新城市的发展重心在于

① 杜德斌、何舜辉：《全球科技创新中心的内涵、功能与组织结构》，《中国科技论坛》，2016 年第 2 期。

② 同上。

③ 同上。

④ 纪宝成：《创新型城市战略论纲》，中国人民大学出版社 2009 年版，第 2 页至第 10 页。

国际产业链"高端"节点和新兴产业，该类城市一般在金融、商业、服务、娱乐等方面具备国际优势，是全球知识学习中心，对整个国家或区域都具有显著的辐射带动作用。①

邓智团、屠启宇（2015）从科技创新中心城市的特质视角，分析了"国际创新中心"城市包含的五大属性：一是创新性，通常是一国或地区甚至全球的新知识、新技术和新产品的产生中心；二是集聚性，其发展吸引力不断增加，促使越来越多创新资源向区内集中；三是系统性，其为各种创新资源在空间上集聚形成的区域创新系统；四是成长性，具有不断壮大的成长过程；五是外向性，其吸引众多具有强大研发实力的跨国研发机构进驻并产生显著的示范和集聚效应。②

此外，他还认为，创新城市不仅包含这五大特质，还应具有五大基本功能体系：一是研究开发功能，成为创新产业的孵化器和基地；二是资源配置功能，体现在创新要素的集聚功能和优化组合功能；三是科技辐射功能，对专利技术、专有技术、先进工艺、生产技术、管理经验等的推广和扩散作用；四是教育培训功能，提供符合市场需求多层次高级技术人才能力；五是发展标志功能，提供技术创新机制、政策、措施和制度的示范作用。③

马海涛、方创琳、王少剑（2013）等分析了全球创新城市必须具备的基本特征，指出：全球创新城市要具有较强的综合经济实力

---

① 王兵兵：《国际创新城市的横向比较、发展模式与启示借鉴》，《决策咨询》，2013年第5期。

② 张守营：《国际创新中心的崛起是2015年国际城市发展的最大趋势》，《中国经济导报》2015年1月31日。

③ 屠启宇主编：《国际城市蓝皮书·国际城市发展报告（2015）：国际创新中心城市的崛起》，社会科学文献出版社2015年版，第1页至第5页。

和较大人口规模；具有便利快速的对外交通联系；拥有较强的对外经济联系和广泛的全球市场；集聚一大批多样化高层次创新人才；吸引大量具有高研发能力的组织机构入驻；具有发达的科技中介机构和科技服务能力；建成国际著名的创新平台和空间载体；具有开放性和包容性的创新文化氛围等。[①] 杜德斌、何舜辉（2016）则从社会的作用及功能视角，提出："全球科技创新中心"的主要功能至少应涵盖四大方面，即科学研究、技术创新、产业驱动和文化引领。[②]

综上所述，国内外学者对相关概念内涵的解读，虽然并没有直接揭示"科技创新中心"的内涵特征，但是他们的观点具有共通之处，即"科技创新中心"应当具有全球科技创新资源在空间上的异质性，这种异质性反映为某一国家或地区的科技产出必须远远高于其他地区。自2015年上海提出建设"具有全球影响力的科技创新中心"战略以来，国内学者对"科技创新中心"的研究又跃上了一个新的高度。许多学者集中讨论了"具有全球影响力的科技创新中心"的内涵特征，其中具有代表性的是杜德斌提出的观点，他认为："具有全球影响力的科技创新中心"的本质，是指全球科技创新资源密集、科技创新活动集中、科技创新实力雄厚、科技成果辐射范围广大，从而在全球价值网格中发挥显著增值功能并占据领导和支配地位的城市或地区。[③]

---

① 马海涛、方创琳、王少剑：《全球创新型城市的基本特征及其对中国的启示》，《城市规划学刊》，2013年第1期。
② 杜德斌、何舜辉：《全球科技创新中心的内涵、功能与组织结构》，《中国科技论坛》，2016年第2期。
③ 同上。

总结国内外学界关于"科技创新中心"内涵特征的讨论，笔者认为，上海建设"具有全球影响力的科技创新中心"应当具备以下几个特征：科技创新人才集聚中心、科技创新成果集聚中心、高新技术产业集聚中心、科技成果转化和交易中心、科技发展信息汇聚中心。据此，可以对"具有全球影响力的科技创新中心"做如下定义："具有全球影响力的科技创新中心"就是指特定的城市或区域成为全球科技创新人才、高新技术产业、科技创新成果及转化的集聚地、辐射源。

此外，笔者还认为，全球范围内的"科技创新中心"与区域性"科技创新中心"有着较大差异，这些差异体现在以下几个方面：

第一，全球范围内的"科技创新中心"应当建立在全球城市基础之上。换言之，全球城市是全球科技创新中心的基础，"科技创新中心"是全球城市主要特征之一。除此以外，全球城市还应当具有其他三个特征，即全球财富管理中心、全球文化创意中心、全球信息交互中心。在上述四个特征中，全球科技创新中心是全球城市的核心特征。

第二，全球范围内的"科技创新中心"应当具有很强的科技竞争力。这种竞争力体现在：在若干科学技术领域处于全球领先水平；云集一批世界级科学家和人文社会科学家、工程师和艺术家；在若干自然科学技术、人文社会科学领域持续地产生改变人类生活方式和思想观念的重大科技创新和创新思想成果。

第三，全球范围内的"科技创新中心"应当具有很强的技术研发和新产品开发能力。全球科技创新中心的所在城市，应当拥有一批高新技术产业的国际跨国公司总部和技术研发总部；高科技产品和艺术品引领着世界消费潮流，改变着人类的生活方式。因此，"科技创新中心"应当具备以科技创新手段或创新思想，改变特定区域人们的思想观念和生活方式的能力。

二、"科技创新中心"的构成要素

建设"具有全球影响力的科技创新中心"，需要具备改变全球人类生活方式和思想观念的能力。这种影响全球的创新能力的形成，取决于以下三个要素：基础要素、潜在要素、现实要素。这里，基础要素是指科技创新生态、科技人才总量、科技服务设施等；潜在要素是指文化教育设施、社会科技投入等；现实要素是指科技研发机构、高新技术企业、科技成果转化等。

笔者认为，可以从科技创新资源总量、科技创新服务能力、科技创新资源利用三个方面来考量"科技创新中心"的全球影响力。

首先看科技创新资源总量。第一，全球一流的科技创新人才数量。科技人才是科技创新最重要的资源，[1]"科技创新中心"所在城市或地区的顶级科技创新人才的数量，直接决定了城市和地区科技创新能力和全球影响力。第二，全球一流的高科技企业数量。高科技企业是科技创新的主体。"科技创新中心"所在城市或地区的高科技企业数量，对全球消费模式和生活方式产生重要影响。第三，全球一流的科技研发机构数量。高等学校和科学研究机构是科技创新的重要主体。"科技创新中心"所在城市或地区拥有的全球一流水平

---

[1] 薄贵利、郝琳：《论加快建设世界一流人才强国》，《中国行政管理》，2020 年第 12 期。

的研究机构、高等院校和技术开发机构的数量，决定了该城市或地区能否在若干科技领域处于全球领先水平，持续推出震撼全球的重大科技创新成果并产生全球辐射力。

其次看科技创新服务能力。第一，特定城市或地区能否为吸引和培育全球一流的科技创新人才提供良好的制度环境和社会环境，是衡量"科技创新中心"全球影响力的重要标准。第二，特定城市或地区能否为各类高科技企业的自主创新和知识产权保护提供良好的政策环境和市场环境，是衡量"科技创新中心"全球影响力的又一重要标准。第三，特定城市或地区是否拥有良好的科技创新的基础设施，即能否为"科技创新中心"提供良好的硬件和软件资源设施，是建设"科技创新中心"的重要基础。第四，特定城市或地区是否拥有全球一流的科技资源管理和信息交互网络平台，决定了"科技创新中心"全球影响力的功能发挥程度。

最后看科技创新资源利用。第一，全球"科技创新中心"应当拥有大批全球科技资源管理机构。全球科技资源管理机构将对全球科技创新资源配置发挥重要作用，进而影响全球科技发展进程。第二，全球"科技创新中心"应当拥有全球主要的科技信息平台。科技信息平台将成为全球科技信息交互的重要网络节点。

"科技创新中心"本质上是多要素组成的区域创新系统。它是多个因子相互影响、相互作用，以及多个层面之间相互累加形成的结果，① 具体可以归结为三个层次，共八种要素（见图1-1）。

---

① 杜德斌、何舜辉：《全球科技创新中心的内涵、功能与组织结构》，《中国科技论坛》，2016 年第 2 期。

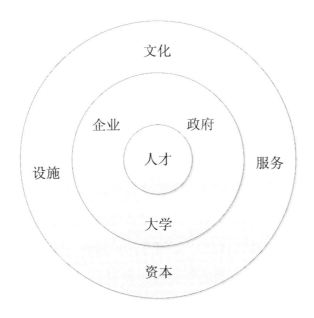

图 1-1　构成"科技创新中心"的三大层次和八种要素

（一）"科技创新中心"的核心要素

在"科技创新中心"构成要素中，科技创新人才是最为重要的核心要素。在人类科技创新活动的人力资源中，科技创新人才是知识含量最为丰富的一类群体。科学研究和科技创新工作的复杂性和专业性决定了其只有受过良好训练的科技人才才能胜任。科技创新人才不仅要受过高等教育，而且要具有独立的思考能力和极高的研究能力。

所以"科技创新中心"集聚科技创新资源，最重要的是科技人才集聚。这是因为在包括人力资本、自然资源、资金、技术等各种经济要素中，人才是第一要素。"科技创新中心"的建设并不过多依赖于自然资源，而是依靠知识、技术和资金的支持。人力资源是一切资源中最主要的资源，技术是依赖于人力资本的，资本必须依靠人力才能发挥出应有价值，科学技术是内化于人力资本当中的，其不断积累和价值创造也必须依赖人的活动才能实现。

建设"科技创新中心"离不开资金支持。然而资金本身并不能提升区域的科技创新能力。科技创新存在不确定性、高投入和高风险性，资金支持的主要作用是，一方面为科技人才的科研活动提供物质保障，另一方面为科技成果的实现和科技型初创企业提供风险投资和融资服务。由此可见，建设"科技创新中心"所需的资金支持，主要还是为科技人才的创新服务的。所以"科技创新中心"集聚科技创新资源的核心就是科技人才集聚，它是各类要素在一定区域内的最高级别和最大规模的集聚。

建设"科技创新中心"要求集聚科技创新活动。然而，从事科技创新活动的主体就是科技人才，科技创新人才参与了科技创新活动的各个阶段，这其中即包括新知识、新技术的产生阶段，还包括科技创新产品的应用和开发阶段，科技人才始终贯穿科技创新活动的整个过程。

建设"科技创新中心"的主体涉及政府、企业、高等学校和科学研究机构，科技人才也是各个创新主体的核心要素。各类科技人才应当嵌入各创新主体要素当中，充当不同角色，发挥不同的作用。首先，科技型企业是科技创新的最主要参与者，而科技人才是科技企业的核心和中坚力量。2014年美国谷歌公司共有员工5万余人，其中就有约2.3万人是科技人员，占比高达46%。科技人才的比例已经成为衡量企业创新能力的重要指标。其次，高等学校除了为社会培育优秀学生以外，更重要的是能够充分利用自身科研资源和条件，开展基础研究和高科技领域原始性创新活动，成为技术创新和知识发现的源头。因此，高等学校作为科技创新中心的主体要素，其科学研究工作最终还是要落在科技人才身上。科技人才可以依托大学一流的实验室和研究设备以及自由的学术氛围、各种交叉学科知识的支撑，充分投入到基础研究和高技术领域的原始创新中去，成为科技创新的引领者。

综上所述，科技人才是"科技创新中心"建设的核心和关键，是承担科技活动的唯一执行者。科技活动的各主体要素也都以科技人才为核心。环境要素则是通过对企业、高校和政府的影响而间接作用于科技人才，为科技人才营造出良好的科研环境、自由的学术氛围和便捷的生活设施，使之能够全身心投入到科技创新活动中去。

（二）"科技创新中心"的主体要素

"科技创新中心"的主体要素主要是指企业、高校、政府等。首先是企业，企业是科技创新的最主要参与者，据相关统计，2014 年我国的研发人员总量的 77% 都集中于各类企业当中，这充分说明了企业在"科技创新中心"建设中的主体地位。[1] 其中，既要有能够引领全球科技活动的顶尖科技企业，同时又要存在众多的中小科技企业，二者共同构成"科技创新中心"建设的"引擎"。[2] 其次是高等学校和科研机构，高等学校和科研机构一方面为社会、科技的发展提供源源不断的人才支持，另一方面通过自身强大的科研体系，也能够在"科技创新中心"建设中发挥重要作用。再次是政府，政

---

① 徐瑞哲：《我国 GDP、研发人员总量、论文量与创新力未成正比》，《解放日报》，2014 年 10 月 26 日。

② 杨柳：《科创中心建设背景下上海科技人才集聚机制研究》，上海工程技术大学硕士论文，2017 年。

府作为"科技创新中心"主体要素，其主要扮演的角色是科技创新发展过程中的宏观管理者和各方利益平衡者。

科学研究与试验发展（R&D）活动是指在科学技术领域为增加知识总量以及运用这些知识去创造新的应用而进行的系统的创造性的活动，包括基础研究、应用研究和试验发展三类活动。科学研究与试验发展是科技活动的核心指标，是衡量一个国家和地区科技发展水平的主要指标，同时也是反映企业自主创新能力的指标。[1] 自主创新能力是国家竞争力的核心，也是建设"科技创新中心"的关键指标。据国家科学技术部统计，2019 年我国企业、研究机构、高等学校的科学研究与试验发展的经费支出比重，分别为 76.4%、13.9%和 8.1%。[2] 企业作为"科技创新中心"主体要素之一，在科学研究与试验发展方面占据不可替代的地位；高等学校与科研机构经费支出虽然相对较少，但从事研发活动的主体最终还是要落到人才培养上，而高校在人才培养方面承担着重要角色，因此也具有不可替代的作用。

（三）"科技创新中心"的环境要素

"科技创新中心"的环境要素主要包括文化、资本、设施和服务四类。环境要素是"科技创新中心"的重要支撑，但环境要素并不直接作用于科技创新能力的提升，而是通过对企业、高等学校、科研机构、政府的影响而体现出来。良好的创新环境本身就是一种特殊的网络结构，可以使企业、高等学校、科研机构、政府等创新主

---

① 陈兰杰：《河北省 R&D 投入结构分析》，《中国统计》，2011 年第 9 期。
② 国家统计局、科学技术部、财政部：《2019 年全国科技经费投入统计公报》，2020 年 8 月 27 日，http://www.stats.gov.cn/tjsj/zxfb/202008/t20200827_1786198.html。

体在功能和信息等方面相互结成密切的、稳定的关系。创新环境也是动态的学习过程，可以促使创新主体依据环境的动态变化及时进行调整。①

首先，作为"科技创新中心"的城市和地区需要具备包容、开放的文化氛围。文化是一个国家或一个民族整体精神风貌的反映，是其综合国力的集中体现。② 科学研究本身具有很大的不确定性，如果一味以成败论英雄，必然有损科技人才的积极性，只有包容、开放的氛围才能充分释放科技人才的能动性。

其次，"科技创新中心"需要资本支持。作为传统生产要素的核心之一，资本在科技创新活动中必不可少，特别是由知识资本与金融资本相结合而产生的风险资本，其在弥补政府科研投资不足、促进高新技术产业的发现和筛选等方面起到了很大的作用。③

再次，"科技创新中心"需要各类科技创新基础设施。科技创新基础设施是科技创新活动必要的基础条件，不仅包括科研仪器、实验基地等科技基础设施，也包括科技人才生活的城市硬件设施，如生活设施、交通设施、公共服务设施等。

最后，"科技创新中心"需要科技创新的相关服务，其中主要包括两个方面的内容，其一是生产性服务，如人力、财务、法律和金融业等一般性生产服务；其二是专业的科技创新服务业，如科技中介服务、产业孵化器等，它们是连接科学研究和生产活动的桥梁与纽带。

---

① 王录梅：《论创新型大学与创新型城市发展的良性互动》，《淮阴师范学院学报》（哲学社会科学版），2015 年第 3 期。
② 同上。
③ 杨柳：《科创中心建设背景下上海科技人才集聚机制研究》，上海工程技术大学硕士论文，2017 年。

第四节　全球科技创新中心的治理特征

从世界经验来看，全球科技创新中心的形成是一个历史的过程。分析全球科技创新中心的治理特征，就需要从其发展历程入手，而目前学界对其发展历程的研究相对较少，主要观点如下。

徐珺（2014）认为，国际科技创新中心的发展经历四个阶段，历时半个多世纪。第一个阶段：自 1950 年美国斯坦福工业园诞生以来，国际科技创新中心便与大学有了直接联系；第二个阶段：伴随第三次科技革命的到来，半导体产业与空间技术进步大大推动了国际科技创新中心的发展，各种国际科技园区开始出现；第三个阶段：随着世界经济进入滞涨期，发达国家和地区的科技建设与发展受到较大影响，而新兴工业体逐渐涌现，如中国台湾、新加坡等；第四个阶段：自 20 世纪 80 年代开始，国际科技创新中心进入高速发展阶段，美国为世界树立起成功发展高科技的典范，西欧国家紧随其后，第三世界国家则奋起直追。这一时期，中国也迎来了较快的发展，不仅促进了科学技术本身的进步，也带动了整个国家的经济发展。[①]

对于未来发展趋势的研究，学者则主要集中在技术研发、产业集聚以及分布格局等方面。有学者认为，随着第三次科技革命影响的不断深化，新技术的研发与产业化应用模式也出现新的变化，世

[①]　徐珺：《国际科技园区发展历程、经验与新趋势》，《科学发展》，2014 年第 5 期。

界许多国家和地区成功的科技园区，在全新的起点上进入了新一轮的发展循环，其面向未来的演化趋势，主要体现在产业体系、运营管理模式、创新服务网络和园区综合功能等方面。也有学者认为，国际科技创新中心的未来发展趋势是：分布格局从集中转为扩散，差别化发展日趋明显，规模差异越来越大，功能单一化和综合化趋势双向并存。①《2013 年全球创新指数报告》指出，成功的创新会带来良性循环：一旦达到了某个关键临界点，投资吸引投资，人才吸引人才，创新就会衍生出更多的创新。②

进入 21 世纪以来，全球科技创新中心的内涵特征与演化路径发生了一些新的变化，呈现出五大趋势：

一是在空间布局上，从以欧美为重心向亚太地区扩展。工业革命之后，全球科技创新中心先后集中在四个国家，分别是英国、法国、德国和美国。到了 20 世纪 80 年代后期，随着全球创新网络不断扩展，具有全球影响力的科技创新中心逐渐由单极向多极化发展，多中心、多节点的创新格局逐步形成。从空间分布看，全球科技创新中心仍高度集中在欧美发达国家，但是，在全球创新格局深刻调整的趋势下，亚太地区必将诞生一批世界级的科技创新中心，这为中国的新兴创新型城市崛起创造了良好机遇。③

二是在创新策源上，从以大公司为主向跨国公司和中小企业协作并举转变。随着经济全球化深入发展，创新资源越来越突破地域

---

① 杨震宁、吴杰：《不同功能分类科技园的资源供给差异研究》，《科研管理》，2011 年第 9 期。
② 吴建中：《国际科技创新发展趋势》，《上海科技报》，2013 年 12 月 6 日。
③ 肖林、周国平、严军：《上海建设具有全球影响力科技创新中心战略研究》，《科学发展》，2015 年第 4 期。

和国家的界限，在全球范围内自由流动和配置，对全球科技创新中心的形成发挥了重要作用，科技研发的全球价值链进一步深化。一方面，跨国公司在全球科技创新中发挥着主导作用，跨国公司通过在全球范围内布局研发机构和构建研发网络，实现全球创新资源优化配置。另一方面，大量科技中小企业成为研发活动的重要力量，研发活动的全球化催生了大量科技中小企业的兴起，这些企业通过参与研发分工，逐步积累起较强的创新能力。

三是在创新方式上，从封闭研发向开放式融合研发转变。在互联网快速发展、经济环境瞬息万变的今天，创新呈现许多不同于以往的特点，导致"科技创新中心"的运行方式发生新的变化：首先是创新行为日益开放化、协同化。在这一前提下，创新已经不是单个企业的行为，而是要通过互补性协作，形成持续的创新能力。全球科技创新中心为企业提供了一个在协作中创造新技术和新产品的环境从而有利于形成创新的集聚和外溢效应，成为区域竞争优势的源泉。随后是创新活动日益分散化、大众化。随着互联网、社交媒体的迅猛发展，以及外包、众包、P2P合作等新商业模式的出现，越来越多的小微企业甚至个人成为创新的生力军。

四是在创新内涵上，从单一科技创新向跨领域全面创新转变。从全球代表性的"科技创新中心"看，创新内涵正在从单纯的科技创新，向产业、科技、文化跨领域协同创新转变。许多"科技创新中心"不仅在高科技领域处于领先位置，也是产业变革和商业模式创新的典范。事实上，真正的变革不局限于伟大的技术创新，而在于把新技术和恰当的商业模式相结合，形成驱动行业发展的力量。同时，科技创新与文化的融合不断深入，多元文化有力激发新思想、新理念的诞生，成为创新的本质力量。

五是在创新模式上，从单区域独立创新向跨区域协同创新转变。当前，科技创新越来越不局限于单个城市和地区，而是更加注重不同城市和区域的协作，形成典型的创新城市群。这种创新城市群大致可分两种类型：一是核心城市以较强的辐射力带动周边城市发展，通过在国际大都市周边形成创新群落，推动了区域整体创新，比如英国伦敦、美国纽约等城市；二是不同区域发挥各自优势实现错位发展，形成了协同创新的城市群，以德国柏林地区为例，柏林市与周边的勃兰登堡州实施了"联合创新"战略，建立了五个两地共建的创新集群。[①]

从总体上说，"具有全球影响力的科技创新中心"不同于其他传统意义上的政治、经济或文化中心，它具有自身的特点。由于大量科技资源的集聚，使其在科学研究、技术创新和产业发展等方面获得了很大优势。因此，全球科技创新中心应包含以下三个方面的特征：

首先，"具有全球影响力的科技创新中心"具有很强的科学研究能力。"科技创新中心"一定是全球科学研究的主力军。它拥有世界一流的科研设施、稳定的科研经费投入和大量顶尖的科学家、科研团队，因而能够产出许多具有划时代意义的科研成果。另外，"科技创新中心"具有良好的学术氛围，这里汇集了大量优秀的科技人才在一起探讨和研究，这里的研究代表了世界相关学科和技术领域的最高端和最前沿。

---

① 肖林、周国平、严军：《上海建设具有全球影响力科技创新中心战略研究》，《科学发展》，2015 年第 4 期。

其次，"具有全球影响力的科技创新中心"具有很强的技术创新能力。"科技创新中心"同时也是世界技术创新的策源地。它是新技术、新产品的主要推动极，这里汇集着世界主要科技企业的研发中心和试验中心，同时也活跃着许多中小科技型企业。另外，"科技创新中心"具有良好的创新创业氛围，为世界各国梦想创业的各式人才和挖掘优秀项目的风险投资者提供了良好的环境。

最后，"具有全球影响力的科技创新中心"具有很强的产业驱动能力。由于"科技创新中心"拥有强大的知识生产能力和技术创新能力，而新知识或技术又能够孕育新的产业，这些产业又因其包含先进知识、技术而拥有高附加值和竞争力。同时，新技术的应用能够提升传统行业，使其转型升级发展。所以，"科技创新中心"在全球产业产生或产业变革中处于领导地位。①

有鉴于此，打造这样的全球科技创新中心，仅靠单一主体是难以胜任的，必须实现多元主体的协同建设和治理，主要体现在以下方面：

一是要建立符合创新创业规律的科技创新治理体系。要以提供优质科技服务为使命，建立科学的科技创新治理机构；要培育政府、市场、社会多元化的治理主体，完善科技创新治理规则，提高科技创新治理能力和水平；要从以控制为中心的管理理念向以协调为中心的治理理念转变，从政府作为唯一的管理者向多元化主体共同参与治理转变，从科技管理向科技创新治理转变，从计划管理和政策

---

① 杨柳：《科创中心建设背景下上海科技人才集聚机制研究》，上海工程技术大学硕士论文，2017年。

管理为主向多手段科技创新治理转变。①

二是要培育公正有效的竞争性市场机制。要放松经济性规制，加强社会性规制，强化垄断性资源的市场化改革；要建立资源配置的市场化机制，支持人、财、物等核心创新要素高效自由组合和开放流动，塑造鼓励创新的公平竞争环境，并通过法律保障鼓励科技创新，宽容失败；政府需要承担相应的引导性功能，包括科技创新的直接投入、科技创新蓝图的规划、科技创新政策和法律法规的制定，以及扶持科技创新企业发展壮大等。

---

① 黄涛、郭恺著：《科技创新举国体制的反思与重建》，《长沙理工大学学报》（社会科学版），2018 年第 4 期。

第二章

高等学校在科技创新治理体系中的
功能作用

    我国科技创新治理主体主要分为四类，即各类高等学校、科研机构、企业、政府。这四类治理主体由于组织机构特征不同，在"科技创新中心"建设中发挥的作用也不尽相同。[①] 分析治理主体在科技创新治理体系建设中具有的特殊功能及作用方式，首先需要从理论上系统分析科技创新治理主体的不同角色定位：一是高等学校。高校是人才培养和科技创新的重要平台，是国家和城市创新体系的重要组成部分，是科技创新的知识源头，其重要任务是培养科技创新人才和推动技术创新，因而构成科技创新治理体系的核心。二是科研机构。科研机构除了少数国家级研究院所外，大部分机构的主要任务是开发技术资源，为科技创新提供知识供给和技术服务。它既是科技创新的技术源头，也是科技创新治理体系的重要主体。三是企业。企业是"科技创新中心"建设中最重要的技术创新主体，它按照产业链分工协作规律运作，形成垂直的供需链和横向的协作链关系，并与高等学校、科研机构保持着密切的技术开发、人才培

    [①] 彭绪梅：《创业型大学的兴起与发展研究》，大连理工大学博士论文，2008 年。

养、科技成果转化等合作关系。四是政府。在"科技创新中心"建设中，政府需要主导制定科技创新政策，通过各种制度安排和政策设计，不断优化科技创新资源配置，建设覆盖上述治理主体的科技创新网络。①

第一节 高等学校与科技创新治理间的内在关联

高等学校是我国科技创新治理体系中的重要治理主体，在我国建设世界主要科学中心和创新高地过程中发挥着不可替代的作用。我国颁布的《国家中长期教育改革和发展规划纲要（2010—2020）》指出，要"充分发挥高校在国家创新体系中的重要作用，鼓励高校在知识创新、技术创新、国防科技创新和区域创新中作出贡献"。②

科技创新加速区域经济社会发展。在区域创新治理中，高等学校、科研院所、高新企业、地方政府等都是必要的参与主体，通过它们之间的分工协作，各种新知识、新技术和新信息将在整个区域内得到高效传播与应用。卢为民（2014）指出，"高等学校集聚区域范围内的软硬件设施、政策制度和资源条件是区域创新环境"，

---

① 钱春丽、杨悦：《地方高校科技创新影响因素分析与管理对策研究》，《科技管理研究》，2010 年第 6 期。
② 刘建平：《全面提升高校科技工作水平》，《中国高校科技与产业化》，2011 年第 4 期。

"城市的创新能力提升，依赖于高等学校与城市的相互作用"。① 也就是说，创新型城市建设实际上离不开高等学校在技术创新与人才培养方面的有力驱动。

由于科研组织和人才集聚优势显著，高等学校在国家科技创新治理体系中的主导性地位正在不断提高。国际上，许多城市已将高等学校置于科技创新治理体系的主导核心位置。例如，著名的"硅谷"模式、"剑桥现象"等，都充分证明了高等学校的能量。"城市孕育了大学，大学滋养了城市"，高等学校要充分发挥知识密集和智力优势，主动服务于城市和区域经济社会发展，要在服务中谋得自身发展，在科技创新的贡献中增强自身的治理主体功能。②

高等学校的创新活动是以科技创新为中心，以知识创新、技术创新、人才创新和文化创新为延展的。首先，知识创新是科技创新的根本基础。厚实的知识创新基础可以提升一个国家的科技创新水平，而高等学校就是知识创新的重要策源地。其次，高等学校的技术创新是国家自主创新能力的重要基础。高等学校的技术创新与国家自主创新能力的关系，主要通过企业的创新来体现。王瑞文、张嘉、盛刚（2011）指出："我国企业科研能力普遍薄弱，需要寻求外部的技术来源，而高等学校的技术创新就成为了支持企业创新基础能力建设的重要来源。"③ 再次，高等学校聚集了大量的创新人才，可以为高新企业技术创新提供重要的人力资源。人力资源是创

---

① 卢为民：《增强高校服务城市科技创新的对策研究——以上海为例》，《教育发展研究》，2014 年第 23 期。
② 同上。
③ 王瑞文、张嘉、盛刚：《国内外创新型城市建设中高校科技创新能力分析》，《科技与经济》，2011 年第 3 期。

新型国家建设重要的资源之一，提升国家自主创新能力需要具有创新精神的人力资本，而高等学校对经济社会发展的最根本贡献就是培养各种创新人才。① 最后，高等学校的文化创新是国家科技创新文化环境的重要构成。高等学校不仅向全社会传播高层次文化知识，而且能够有效汇聚人文科学、社会科学和自然科学等领域的专家名人，从而促进创新思想的交融与碰撞。

第二节 高等学校在科技创新治理体系中的功能

高等学校是科技创新的主力军，是支撑"科技创新中心"建设的重要力量。② 我国进入高等教育大众化阶段，高等学校办学类型多样化、功能定位多元化，已经成为高等教育发展的必然趋势。不同类型的高等学校在人才培养、科技创新、社会服务、文化传承等四个功能领域有着不同的办学定位。各类高等学校依据自身功能定位，在"科技创新中心"建设中发挥独特作用。政府教育主管部门要引导不同类型的高等学校在"科技创新中心"建设中找到自己发挥作用的空间并形成整体合力，推动高等学校成为创新创业人才培养和集聚高地，成为重大科学发展、原创技术和高新技术的重要策源地，从而服务国家科技创新发展战略。

---

① 郭丽平：《高等院校在创新型城市建设中的作用微探》，《邯郸职业技术学院学报》，2012 年第 2 期。

② 孔晓虹、王益澄：《发挥地方高校在创新型城市建设中的作用及途径探析》，《国家教育行政学院学报》，2007 年第 9 期。

卢为民（2014）指出，高等教育的功能经历了三个发展阶段：第一个发展阶段是以剑桥大学为代表的英国大学，奠定了大学的教学功能；第二个发展阶段是以洪堡大学为代表的德国大学，增加了大学的科研功能；第三个发展阶段是以哈佛大学为代表的美国大学，开启了大学的社会服务功能，即所谓"创业型大学"（Entrepreneurial University）。[①] 1904 年，威斯康星大学校长查尔斯·范·海斯曾在就职演说中阐明大学服务社会的宗旨——"教学、科研和服务都是大学的主要职能，更重要的是，作为一所州立大学，它必须考虑到州的实际需要"，由此形成了著名的"威斯康星思想"。[②]

从总体上来说，高等学校的功能就是教学、科学研究和社会服务。但随着 20 世纪 50 年代以来高新技术园区的兴起，高等学校又逐渐产生了促进科技创新的新功能。以我国北京中关村高新技术开发区为例，以著名大学为中心、以高新技术产业群为基础形成的科技发展基地将人才与成果产出并举，从而缩短了科技由创造到应用的周期，加速了经济发展的步伐。[③] 科技园区的发展反过来又推动了高校的功能转变，突破了原有的教书育人单一模式，逐步向多元化、定向化等综合模式的转变。

然而学界关于高等学校在"科技创新中心"建设中的功能定位的研究仍存在不同的观点。单佳平（2008）认为，高等学校是城市自主创新的基地，"承担着知识传授、信息传播的任务，承担着培养

---

① 卢为民：《增强高校服务城市科技创新的对策研究——以上海为例》，《教育发展研究》，2014 年第 23 期。
② 彭绪梅：《创业型大学的兴起与发展研究》，大连理工大学博士论文，2008 年。
③ 卢为民：《增强高校服务城市科技创新的对策研究——以上海为例》，《教育发展研究》，2014 年第 23 期。

和输送高素质创新人才的任务"，因此，在创新型城市建设中具有十分重要的基础作用。① 肖翰、陈小娟（2013）认为，高等学校是创新文化的引导者，其尊重知识、鼓励创新的文化环境对城市创新文化建设起到示范作用。② 谢辉（2013）认为，高等学校集聚了社会各行各业的高层次人才，拥有高素质科研队伍，具有很强的科研实力，是创新人才资源的集聚地；高等学校与企业之间能够形成合作双赢关系，一方面，高等学校可以为企业提供智力帮助及技术支撑，另一方面，企业则可以为高等学校提供实践舞台与教学基地，从而推动社会创新与城市发展。③

从现有研究看，学界仅仅从整体上分析了高等学校在"科技创新中心"建设中的作用，或者仅分析了某一类高校在"科技创新中心"建设中的作用，而缺乏依据我国各级各类高校的不同功能定位，分析不同类型高校的具体作用及其差异性。

高等学校是一个泛指概念，由于高等学校之间在办学层次、办学水平、隶属关系、办学体制等方面的不同，高校具有不同的类别。不同类型的高等学校在"科技创新中心"建设中，都可以发挥各自的重要作用，而且不同类型高校的作用具有不可替代性。因此，研究高等学校在"科技创新中心"建设中的作用形式，应根据不同类型高校不同的角色定位，探讨其功能作用。

我国高校至少分为两类：一类是大学。大学主要为社会培养高

---

① 单佳平：《建设创新型城市背景下的高等教育发展模式研究》，《经济体制改革》，2008 年第 3 期。
② 肖翰、陈小娟：《高校在创新型城市建设中的作用》，《今日科苑》，2013 年第 24 期。
③ 谢辉：《高校在创新型城市建设中的作用分析》，《才智》，2013 年第 29 期。

端人才、推动科技创新、提供社会服务和传承文化；另一类是职业技术院校。这类高校主要培养专业技术人才，推动技术创新和提供技术服务。从"科技创新中心"建设的需求角度看，这类高校所面临的社会需求恰恰是最多的。因此，高等学校不能一概而论，它是分层次的。不同类型的大学，其功能有所差异。这是由社会对人才的需要和大学的水准所决定的。

刘道玉（2007）指出，美国高等院校一般可分为六个类型：一是授予博士学位的大学，重点是博士研究生教育和高水平的基础研究工作；二是授予硕士学位的大学，只授予学士和硕士学位；三是本科学院，只从事本科教育；四是大专学院，属于专科教育，不能授予任何学位；五是专业学院，以培养职业和应用型人才为目的；六是社区学院，只培养初级人才，以适应地域发展的需要。①

聂亚珍（2011）指出，我国高等学校可分为五个类型，即文理综合大学、多科工科大学、单科工业学院、师范学院和高等专科学校。这一分类同计划经济时代国家经济建设需要是相吻合的。② 但是，随着社会经济的发展，高校不断进行改革和扩招，使得现有大学之间的功能界定并不清晰，其办学理念、办学模式上趋于雷同。

董少校（2015）指出，2015 年上海按照新标准对高等学校进行了分类，横向分为综合性、多科性、特色性三类，纵向分为学术研究型、应用研究型、应用技术型、应用技能型四类，构成"3×4"宫格，每格对应一定数量的大学，上海高等学校都可在此十二宫格

---

① 刘道玉：《中国高校功能定位刻不容缓》，《高教探索》，2007 年第 1 期。
② 聂亚珍：《从就业状况看地方高校职能定位》，《湖北师范学院学报》（哲学社会科学版），2011 年第 4 期。

中找到各自的定位。①

第三节　高等学校在科技创新治理体系中的作用

　　培养人才、发展科学、服务社会和文化传承，共同构成了现代高等学校的职能体系。一般而言，高等学校兼顾教学与科研，研究型大学侧重科学研究，同时培养高层次人才，为国家创新战略服务；一般高等学校侧重教学，开展应用型高技术研究，以本科教育为主，培养各类型应用型人才、各行业专业技术人才，为区域创新服务。②

　　以科学研究为主的高等学校在"科技创新中心"建设中的作用，主要体现在培养高科技人才，并且在基础研究和高技术研究领域发挥新知识的源泉和科技创新的主导作用。国家研究型高等学校应当在全球获取科技创新的领先优势，发挥科技创新治理的先导性作用。以人才培养为主的高等学校在"科技创新中心"建设中的作用，主要体现在应用技术创新、科技成果转化，以及培养应用型技术人才。这类高等学校一般以教学为本，科研为教学服务，同时围绕区域经济或者行业经济发展的需要，培养适应社会需求、能深入社会基层

---

① 董少校：《上海公布高校二维分类规划 引导学校自主发展定位》，《教书育人：高教论坛》，2015 年第 6 期。
② 钱春丽、杨悦：《地方高校科技创新影响因素分析与管理对策研究》，《科技管理研究》，2010 年第 6 期。

的应用型技术人才或者管理人才。① 在高等教育大众化阶段，这类高等学校在培养人才方面使命尤为重要。

以上海为例，上海提出高等学校的二维分类体系：在横向维度上，按照学科门类及一级学科发展情况，把高校划分为综合性、多科性、特色性三类；纵向维度上，按照承担人才培养和学术研究功能，划分为学术研究、应用研究、应用技术、应用技能四类，形成了"十二宫格"。②

依据上海新的高等学校类型标准，笔者对学术研究综合型、学术研究多科型、应用研究综合型、应用研究多科型、应用技术多科型、应用技术特色型、应用技能特色型七类高等学校在上海建设"具有全球影响力的科技创新中心"进程中的功能定位略作分析。

一是学术研究综合型高等学校。学术研究综合型高等学校在上海建设"具有全球影响力的科技创新中心"进程中，要发挥世界级杰出人才的集聚和培养作用，开展全球顶尖的基础科学研究和高新技术研发。也就是说，这类高等学校要发挥全球范围内的科技创新的核心引领作用。

二是学术研究多科型高等学校。学术研究多科型高等学校在上海建设"具有全球影响力的科技创新中心"进程中，要在全球范围内、在某一个或几个学科领域，发挥科技创新人才的集聚和培养、基础科学研究和突破高新技术瓶颈的作用。也就是说，这类高等学校要发挥科技创新治理的引领作用。

① 钱春丽、杨悦：《地方高校科技创新影响因素分析与管理对策研究》，《科技管理研究》，2010 年第 6 期。
② 赖明谷、郭齐、徐和清：《中国高校"九宫格"分类研究》，《高教探索》，2017 年第 6 期。

　　三是应用研究综合型高等学校。应用研究综合型高等学校在上海建设"具有全球影响力的科技创新中心"进程中，要在应用技术领域发挥全球科技创新人才的集聚和培养作用，开展应用技术领域的研究，突破应用科学技术领域瓶颈，在区域经济社会发展中发挥主导作用。

　　四是应用研究多科型高等学校。应用研究多科型高等学校在上海建设"具有全球影响力的科技创新中心"进程中，要在某一个或几个学科领域发挥应用型科技人才的集聚和培养作用，开展应用技术研究，推动应用技术成果转化，这类高等学校与企业有着紧密的产学研究合作。也就是说，这类高等学校要在区域科技创新治理中发挥主体作用。

　　五是应用技术多科型高等学校。应用技术多科型高等学校在上海建设"具有全球影响力的科技创新中心"进程中，主要通过服务企业支撑经济社会发展。也就是说，这类高等学校要在技术应用和成果转化中发挥主体作用。

　　六是应用技术特色型高等学校。应用技术特色型高等学校在上海建设"具有全球影响力的科技创新中心"进程中，要在某一方面发挥独特优势，开展某一方面或某一领域的应用技术研究并且形成鲜明特色，重点推动某一方面或某一领域应用技术成果转化，这类高等学校通过服务行业支撑经济社会发展。也就是说，这类高等学校要在某一行业的技术应用和成果转化中发挥主体作用。

　　七是应用技能特色型高等学校。应用技能特色型高等学校在上海建设"具有全球影响力的科技创新中心"进程中，要在某一个学科领域或者某一方面发挥高技能人才的集聚和培养作用，在某一方面或某一领域的高技术行业开展工艺研究和开发并且形成鲜明特色，重点推动某一方面或某一领域的高技术应用。

上述七类高等学校在上海建设"具有全球影响力的科技创新中心"进程中都有着独特的不可替代的作用。问题的关键是如何引导各类高等学校通过教育体制综合改革，做出科学的功能定位，积极发挥各自的作用。首先，高等学校要根据国家和区域创新需求，及时调整和优化学科专业体系，全力培养出更多适应科技创新发展需要的各类专门人才。其次，高等学校要加速科研成果的技术转化，通过开展产学研合作、建设大学科技园区、打造科技孵化器等方式，进一步增强自身的社会和科技服务能力。最后，高等学校要鼓励创新思想的交流与碰撞，尊重和激发师生的创造热情，积极推动原创技术和作品的产生与转化，从而为创新型城市建设提供良好的创新文化氛围。①

---

① 卢为民：《增强高校服务城市科技创新的对策研究——以上海为例》，《教育发展研究》，2014 年第 23 期。

第三章

高等学校推动全球科技创新中心建设的经验启示

通过对美国纽约、芝加哥，英国伦敦，日本东京，韩国首尔等科技创新城市建设中的高校支撑城市科技创新相关材料的收集，分析典型案例，揭示基本经验，有助于阐明国际经验对高校发展的启迪意义。

第一节　世界主要创新型城市的多元化发展策略概述

一、美国纽约

美国纽约主要是通过发展生产者服务业，逐步建成世界第一金融中心。第二次世界大战以前，纽约是美国制造业中心，但从 20 世纪 40 年代后期开始，美国制造业整体出现衰退，工作岗位急剧减少，迫使纽约做出产业转型的重大选择。在新形势下，纽约决定走生产型服务业和知识型服务业的发展道路。历经30多年，纽约成为美国乃至世界一流的商务中心、金融中心和公司总部集聚地，拥有体系完备、技术先进的生产性服务业，以及高度开放、规模庞大的资本交易市场。

纽约是如何实现这一转型的呢？首先，它充分发挥了政府与市场的双重作用，协力推动产业转型。在以往制造业发展过程中，纽约积累了良好的交通、教育、文化和金融基础。利用这些方面的既有优势，纽约制定了全新的城市创新发展战略。在这一战略实施过程中，纽约高度重视高等学校、科研院所和传统科技企业的主体作用，一面鼓励高等学校和科研院所积极研发新技术和新产品，一面又大力发展高新科技园区，为各种中小企业成长和大型高新企业转型提供了非常有利的条件。在这几十年中，高等学校培养出的各类创新型人才在纽约城市产业结构调整过程中发挥了举足轻重的作用，有力支撑了纽约城市的可持续发展。[1]

二、韩国大田

大田原本是韩国一个名不见经传的小城市。20世纪70年代，韩国政府为了摆脱经济过分依赖加工型行业的状况，投入了15亿美元，在该市开发建设"大德科学城"。[2] 截至2010年，大田已发展

---

[1] 钱维：《美国城市转型经验及其启示》，《中国行政管理》，2011年第5期。

[2] 刘硕、李治堂：《创新型城市建设国际比较及启示》，《科研管理》，2013年第S1期。

成为占韩国国民经济总额23%的关键城市，境内不仅拥有39所综合类大学，8个韩国最高水平的研究所，而且有将近2200家高科技企业设立在大德科技城内，被称为韩国的"硅谷"，成为支撑韩国实现经济腾飞的典范，也成为世界上著名的创新型城市之一。①

韩国大德科技城的发展模式是典型的政府主导型，韩国政府通过"官产学研协同技术开发"行为，提升高新企业、高等学校、科研院所的科技研发水平和效率，从而带动区域创新体系突飞猛进。同时，韩国政府还积极吸引外资并大力引进国外先进技术来发展高新技术产业，使其国家科技创新水平在短时间内跻身世界一流行列。②

三、日本东京

日本东京是国际著名的创新型城市之一。在创新型城市建设与治理过程中，日本政府探索形成了一套行之有效的政策体系，主要包括以下内容：一是给予高新技术企业各种减免税待遇，如企业购置计算机类固定资产可以免于征税；购置其他电子设备可以减少缴纳一定的所得税；每家高新技术企业每年可用一定的特别折旧费冲抵税收等。二是大力扶持信息产业发展，为鼓励其快速增长，相关企业可享受一定的技术开发资产税免征待遇。③ 三是向中小型高新

---

① 赵峥：《创新型城市发展：国际启示与借鉴》，《现代化的特征与前途——第九期中国现代化研究论坛论文集》，2011年。
② 顾骅珊、虞锡君：《韩国建设创新型国家的经验及对嘉兴的启示》，《科技管理研究》，2008年第11期。
③ 李文江：《日本促进中小企业科技创新的政策法律研究》，《决策探索》，2011年第12期。

技术企业提供低息贷款。这些贷款不仅金额较大，其周期也可以根据企业经营状况予以适度延长。四是鼓励高等学校和科研院所同高新技术企业联合建立研究中心。这些研究中心由日本政府进行专款补贴，主要针对发展较为薄弱的基础性领域开展研究。这些政策举措有力促进了高新技术企业的蓬勃发展，进而带动整个东京城市实现了创新驱动发展。①

四、英国伦敦

英国伦敦是世界的经济、金融、贸易中心，也是引导世界创意潮流和创新文化传播的中心。作为一个典型的创新型城市，伦敦发展的突出特点在于其发达的文化创意产业。截至 2015 年，伦敦创意产业的艺术基础设施占英国的 40%，集中了英国 90% 的音乐商业活动、70% 的影视活动，以及 85% 的时装设计师等。② 创意产业成为伦敦的主要经济支柱之一，其产出和就业量仅次于金融服务业，是增长最快的产业。在创新型城市构建过程中，伦敦尤为重视以音乐、电影、娱乐软件、广告和时尚设计等为代表的文艺创意产业的发展。③

---

① 杨付红：《东京案例对济南市建立创新型城市的启示》，《中国市场》，2013 年第 23 期。

② 陈琦：《伦敦创意产业的六大国际化战略》，2015 年 10 月 24 日，https：//theory. gmw. cn/2015%2D10/23/content%5F17462424. html。

③ 赵峥：《国外主要创新型城市发展实践与借鉴》，《决策咨询》，2011 年第 1 期。

五、国外创新城市发展经验借鉴

纵观全球科技创新中心建设的成功经验，其发展机制基本一致，即在优势产业或产业转型基础上，充分借助区域内科学教育力量、政府导向，提供充足的创新资本以及创造良好的创新文化氛围。[①]但具体而言又有些不同：美国纽约本来就拥有比较丰富的教育资源和人才资源，在实施产业转型过程中，又非常重视创新文化环境的营造和风险投资市场的规范，从而获得了新的竞争优势。韩国大田原是一个资源匮乏的小城市，主要依靠政府政策扶植与资金投入才得以成长起来，特别是建成科学城后，大田不仅重视硬件设施的更新与完善，更加注重法律环境和创新文化的培育与建设。日本东京利用首都的区位优势，不断集聚全国科技创新资源，并通过鼓励校企合作、实施财税优惠、完善金融服务等手段，完成了创新型城市的创建。英国的创意产业异常发达，伦敦以此为抓手，鼓励高等学校、科研院所和文化企业合作建立创新体系，并通过各种优惠政策扶持，成功营造了浓厚的城市创新文化氛围。[②]

这些重要经验对我国"科技创新中心"建设有着重要启示，主要表现在：构建具有特色的开放式城市创新体系，系统推进"科技创新中心"建设；引进和培育高技术研发机构，提升城市科技的全球竞争力；深入实施高层次人才引进计划，为城市科技创新发展提

---

① 刘硕、李治堂：《创新型城市建设国际比较及启示》，《科研管理》，2013 年第 S1 期。

② 同上。

供智力支持；健全科技中介服务机构，推动形成完善的城市创新链条；积极发挥政府协调和促进作用，为城市科技创新发展提供政策保障；多渠道吸收风险资金和民间资本，为城市科技创新发展提供资金来源；营造良好的自主创新环境，形成有利于激发创新活力的城市创新文化。①

我国创新型城市建设与发展，不能原封不动地照搬国外"科技创新中心"的发展经验，而是要在坚持中国特色社会主义现代化城市建设的前提下，以我国各个城市的禀赋条件为基础，借鉴国外先进做法，探索新的发展道路。我国"科技创新中心"建设的关键，就是要坚持以人民为中心，同时兼顾人才、制度、政策、资本、科技等要素，进一步推动城市的可持续发展。

第二节 高等学校参与城市创新体系的典型国际案例

美国许多国家实验室都设在顶尖高等学校内，虽然这些国家实验室均归美联邦政府所有，但在具体运行和管理上一般都由其所在的高等学校代管，而国家实验室的主管部门会与高等学校签订明确的目标任务合同。这种代管方式一般可分为两类：一类是由高校设立专门的公司予以具体管理；另一类则是将国家实验室的管理机构

---

① 马海涛、方创琳、王少剑：《全球创新型城市的基本特征及其对中国的启示》，《城市规划学刊》，2013年第1期。

同高等学校的相关管理机构进行整合。无论是哪一类的代管方式，国家实验室的最终成绩考评，都必须接受高等学校组织的同行评议与主管部门实施的绩效评估。此外，国家实验室在运作过程中所涉及的招标、采购、评估、管理等环节都会受到政府部门的严格监管。

美国国家实验室与顶尖高等学校的融合模式确保了顶尖科学家能够被最大限度地保留下来，因为许多国家实验室的研发人员就是该所高等学校的教师。当然，两种机构的结合也为美国源源不断地培养了众多高水平的科研人才。

邓光平、郑芳（2007）认为，美国的研究型大学是一个"发展性概念"，它指的是"以开展研究生教育和进行高深学术研究为旨归的高等教育机构"。① 发展至今，它指的则是提供全面的学士学位计划、把研究放在首位的大学，并致力于高层次的人才培养与科技研发（这些大学主要是在校研究生数量与本科生数量相当，或研究生数量占有较大比重）。美国的研究型大学是美国基础研究的中心，承担着培养美国科技精英的重任，在人才培养、科技创新中发挥着不可替代的作用，主要体现在以下几个方面：

一是提供良好物质条件与适宜的文化氛围。美国研究型大学不仅拥有丰厚的人员待遇、一流的实验室和先进的研究设备，而且具有自由平等、鼓励创新、包容失败的学术氛围，这为美国研究型大学聚集了大量优秀的科研人才，并创造出辉煌的科研成果。②

二是发挥学科优势，对接新兴产业。美国研究型大学拥有一批

---

① 邓光平、郑芳：《论研究型大学在美国科技创新中的作用》，《黑龙江高教研究》，2007 年第 6 期。

② 同上。

有优势、有特色的高水平学科群，不仅能够支撑产业的发展而且能够引领产业的发展。新兴产业的发展，依赖于交叉学科的支撑。美国一些顶尖研究型大学已经围绕新兴产业发展需求，面向科技前沿和关键性技术问题，建立了一批世界级研究中心。[1]

三是吸纳全球顶尖科学家，产生引领科技发展的原创性成果。研究型大学是全球顶尖人才集聚的场所，拥有一批具有世界一流水平的学术大师，不仅"决定着大学的建设水平和人才培养质量"，更是"城市基础研究和高技术领域原始创新的一支主力军"。美国研究型大学集聚了一批站在行业科技前沿的、全球最具影响力的科学家，他们成为城市科技创新的引领者。[2]

四是完善科技成果转化机制，催生大批新兴高科技企业。为加强同企业的合作交流，提升高校自主创新能力，美国研究型大学设立了许多服务科研成果转化的中介组织，如哥伦比亚大学的科技创业公司（Technology Ventures）、纽约大学的工业联络办公室（Office of Industrial Liaison）、洛克菲克大学的科技转化办公室（Office of Technology Transfer）等。此外，一些研究型大学还通过建立科技企业孵化器、大学科技园等，为高新技术企业成长提供发展平台和基础服务。[3]

---

[1] 苏洋、赵文华：《我国研究型大学如何服务全球科技创新中心建设——基于纽约市三所研究型大学的经验》，《教育发展研究》，2015 年第 17 期。

[2] 王可达：《借鉴硅谷科技创新经验 建设国际科技创新枢纽》，《探求》，2017 年第 4 期。

[3] 苏洋、赵文华：《我国研究型大学如何服务全球科技创新中心建设——基于纽约市三所研究型大学的经验》，《教育发展研究》，2015 年第 17 期。

第三节 国内高等学校推动科创中心建设的能力差距

笔者以上海为例，基于高等学校在"科技创新中心"建设中角色功能的应然定位，从发展战略定位、创新人才培养、科技创新能力、社会服务能力、创新驱动机制等视角，分析高等学校发展同全球科技创新中心建设战略要求之间存在的能力差距，并从体制机制层面入手，揭示制约高校发挥科技创新治理功能的主要瓶颈及深层原因。

与国外研究型大学相比，上海研究型高等学校服务全球科技创新中心建设还存在一些不足之处：

其一，顶尖人才匮乏、原创性成果相对较少，是上海研究型高等学校不能适应全球科技创新中心建设要求的关键点。相对于美国等发达国家研究型大学支撑全球科技创新中心建设，我国研究型大学缺乏全球顶尖人才，科学研究缺乏原创性，基础研究水平相对较低，科技创新突破性成果较少，难以有效支撑起上海建设"具有全球影响力的科技创新中心"的发展战略。

其二，科技成果转化率较低，是上海应用型高等学校不能适应全球科技创新中心建设要求的又一关键点。科技成果转化率较低，使得应用型高等学校难以发挥科技创新在经济转型与产业升级中的引领作用。上海大部分应用型高等学校依然存在科研与经济互相脱节的现象。

上海高等学校不能适应上海建设"具有全球影响力的科技创新中心"新要求，主要有以下几个原因：

一是层级制的学术治理结构抑制了跨学科的发展。推动科技创新和原创性成果的产生依赖多学科的交叉融合，而上海高等学校的学术组织机构主要是按照人才培养的要求纵向设置院、系、室等机构，缺乏科研机构和横向设置。①

二是高等学校科技创新外部治理体系不完善。其一，高等学校教学和科研各自为政，资源聚合难度大，使高等学校教学和科研工作面临"多头管理、各自为政、分散投资、重复建设、重叠研究"等不利局面。② 其二，高等学校投入体制不顺、原始创新弱化，不仅投入总量不够大，投入结构也尽不合理，用于基础研究的经费投入比例明显偏低。其三，政府干预过多，市场引导缺失，导致高等学校并不关注市场究竟需要什么。其四，政府教育主管部门缺乏有效的政策引导，导致不同类型高校在上海城市创新体系中的功能定位不准，在一定程度上制约了上海高校在建设"具有全球影响力的科技创新中心"中发挥作用。

三是高等学校科技创新内部治理体系不完善。其一，体制结构单一，学术权力行政化倾向比较严重。高等学校对政府过度依附，排斥市场机制和社会参与。③ 其二，教学科研分隔，人才培养和科

① 苏洋、赵文华：《我国研究型大学如何服务全球科技创新中心建设——基于纽约市三所研究型大学的经验》，《教育发展研究》，2015年第17期。
② 张忠迪：《高校科技创新体制和机制存在的问题及对策研究》，《科技管理研究》，2010年第11期。
③ 同上。

技创新契合度低。高校教学和科研管理部门缺乏沟通和协作机制，高校一般只重视学生的上课和实验，学生很少有机会和时间能够参与科研工作。其三，人事制度不灵活，科技团队和创新集成难以实现。高等学校人才往往是部门和单位所有，并被固定在某一特定岗位上，缺乏合理的横向流动，人才资源得不到充分开发和利用。[①] 此外，现行的职称评定制度也不利于科技团队和创新集成。

建设"具有全球影响力的科技创新中心"是国家针对上海做出的具有全局意义的重要决策。上海作为特大型经济中心城市，必须明确以服务经济为主的产业结构，优先发展现代服务业和先进制造业，以知识经济来实现产业布局结构的转变等发展目标。[②] 由于上海人口密度相对较高，所配备的资本和资源数量密度相对较高，其所形成的科技要素发展的基础也较为厚实，而且上海的国有企业数量和国有资本数量分布相对集中，拥有研发、制造、销售、应用等所有创新功能，可谓具有全面的创新要素。

上海高等学校也具有独特的优势。上海拥有 60 多所高校、70 多万师生，在区域发展中举足轻重。上海作为国际化的大都市，集聚了一批各类高层次创新人才，拥有国际著名的创新平台和空间载体，具有开放性和包容性的创新文化氛围。[③] 围绕国家和地方重大发展需求，上海已选择最为迫切的领域和方向，组建培育了"2011 协同创新中心"，提升产学研合作水平和质量，并从 2012 年开始实施

---

① 张忠迪：《高校科技创新体制和机制存在的问题及对策研究》，《科技管理研究》，2010 年第 11 期。

② 汤进：《创新型城市的建设途径——日本川崎市的经验和启示》，《上海经济研究》，2009 年第 7 期。

③ 《王春法在上海作报告谈全球科技创新中心建设》，《科协论坛》，2014 年第 10 期。

"高校知识服务能力提升工程"，面向国际前沿实施"高峰学科"建设计划。

与其他省区市相比，上海高校在"科技创新中心"建设中存在一些明显的"短板"和劣势：上海高等教育的投入占公共经费的比例仍低于北京、江苏、浙江、广东等地，与北京的差距在不断拉大，与江苏、浙江、广东等地的相对优势在逐渐丧失；社会力量办学落后于国内一些省份，更不用说与国际比较；在培养人才方面存在结构性失衡，无法满足上海建设"四个中心"以及"具有全球影响力的科技创新中心"的需求，没有充分发挥出同国际性大都市地位相适应的在高等教育方面的全球辐射能力；从宏观层面来说，与高等教育相关的法律法规原则性强，可执行性较差，缺少关于高等教育具体实施的地方性立法。

在科研创新方面，目前高校、科研机构的科研成果与市场需求脱节，考核体系以科研经费和成果获奖数量为主，重论文、轻应用的现象较为突出。缺乏宽松的创新环境，缺少完善的科技创新保险体系，高校科研成果不能得到有效的转化，而且科技创新的开放度也有待提高。①

造成这些问题的原因，主要有以下几个：一是体制机制约束。高校现行职称评审制度和薪酬考核制度，过分强调论著出版方面的量化指标，导致教师群体产生急功近利的错误倾向。二是基础研究投入相对薄弱。上海高等学校 R&D 活动经费支出中，基础研究经费所占比例不大，而基础研究往往是科学发明、科技进步与产业发展

---

① 王青、曹兆敏：《上海高校科技创新能力的 SWOT 分析》，《科技管理研究》，2009年第 6 期。

的源头。三是高校科技经费筹资渠道比较窄。一直以来，政府拨款都是高等学校科技经费的最主要来源，其投入不仅连年增长，而且在高校科技经费总量中的占比也是居高不下。

近年来，上海高等教育事业稳步发展，质量和水平也在不断提高，但是从建设社会主义现代化国际大都市的战略定位和人民群众对更优质、更多样化高等教育的现实需求来看，还面临着内、外两方面的瓶颈制约：从外部比较看，上海高等教育总体规模相对不足，人力资源开发水平有待提高。① 特别是随着高校的不断扩招，上海高校教师人均带教学生数不断增加，使得人力资源质量在发展指标上偏低，与上海市地位不相称。从内在问题看，面对建设"具有全球影响力的科技创新中心"的战略要求，上海高校在教育布局方面存在结构不合理、不同类型高校在上海城市创新体系中的功能定位不准等问题，制约了上海高校在推动"科技创新中心"建设中发挥作用。

---

① 孙传远：《新型大学建设中的挑战与应对——以上海开放大学为例》，《重庆广播电视大学学报》，2018 年第 1 期。

第四章

高等学校支撑科技创新治理体系发展的实现路径

以上海作为代表性案例，笔者认为，应当从宏观和微观两个层面，从普遍和特殊两个维度，深入剖析高等学校支撑科技创新治理体系发展的实现路径。

第一节　构建具有中国特色的高等学校创新体系

上海市委、市政府发布了《关于加快建设具有全球影响力的科技创新中心的意见》，对上海建设"具有全球影响力的科技创新中心"做了全面部署，也对上海科技创新治理主体的作用发挥提出了明确的实践要求。上海作为全国改革开放排头兵、创新发展先行者，有义务、有责任率先构建具有中国特色、世界水平、上海特点的高等学校创新体系，从而为促进上海建成"具有全球影响力的科技创新中心"做出重要贡献。

从宏观层面看，上海高等学校创新体系的建设与发展可从以下几个方面着手：

首先，在人才培养结构的目标上，立足于建设"具有全球影响力的科技创新中心"的战略要求和功能定位，对接上海经济转型，合理优化人才培养结构。根据上海高等学校学科发展现状及未来趋势，综合考虑未来行业人才需求结构，统筹规划高等教育在校学生规模及结构；主动适应经济社会发展需求，多措并举地推进各类人才培养的持续发展，使人才培养结构达到合理化；建立高等教育人才培养目标的动态调整机制，适时调整人才培养规模、层次与结构等规划目标，确保上海高等教育规模、结构、质量和效益的有机统一。①

其次，按照人才培养主体功能和承担科学研究类型的差异性，明确上海高校的功能定位。学术研究型大学，应以培养学术研究人才为引领，以"综合性""多科性"为主；应用研究型大学，应以培养应用研究与开发人才为重点，以"多科性""特色性"为主；应用技术型大学，应以培养专业知识和技术应用人才为主体，以"特色性"或"多科性"行业为主；而应用技能型大学，则主要培养操作性专业人才，面向的行业以"特色性"为主。按照政府政策引导，高校自主选择，鼓励高校找准服务面向的领域和行业，基于自身特色，培养适应经济社会发展的特色人才，避免高校过度追求

---

① 上海市教育委员会、上海市发展和改革委员会、上海市人力资源和社会保障局、上海市财政局、上海市规划和国土资源管理局：《关于印发〈上海高等教育布局结构与发展规划（2015-2030年）〉的通知》，2015年，http：//edu. sh. gov. cn/xxgk_ ghjh_ zxgzjh/20200514/0015-gw_ 3022015004. html。

"大而全"。①

再次，以重点领域为突破口，深化高等教育体制机制改革。健全高等教育资源的统筹协调机制；创新多元化的高等院校办学体制；多渠道提升上海高等教育国际化水平；构建以信息化为支撑的多样化终身学习体系；建立完善分类发展的教师配置和评价制度；建立分类评估、绩效拨款的政府投入机制。②

最后，发挥高等学校区域集聚的辐射带动作用，推动学校集群化发展。可以按照不同需求加快集群化，聚焦课程教学、管理文化、评价改进等领域的瓶颈问题，组成不同项目实践探索团队，因地制宜破解难题，通过不断积累经验，实现推广和辐射。

第二节　高等学校主体性作用发挥的分类化指导

从微观层面上看，应对高等学校在"科技创新中心"建设中的主体性作用发挥进行分类化指导，设计多元化的实现路径。根据上海提出的高等学校二维分类体系，可将上海高等学校分为学术研究综合型、学术研究多科型、应用研究综合型、应用研究多科型、应

---

① 上海市教育委员会、上海市发展和改革委员会、上海市人力资源和社会保障局、上海市财政局、上海市规划和国土资源管理局：《关于印发〈上海高等教育布局结构与发展规划（2015-2030 年）〉的通知》，2015 年，http：//edu. sh. gov. cn/xxgk _ ghjh_ zxgzjh/20200514/0015-gw_ 3022015004. html。

② 同上。

用技术多科型、应用技术特色型、应用技能特色型七类高校。① 笔者认为，应当依据这些高校在上海建设"具有全球影响力的科技创新中心"进程中的不同功能定位，结合上海教育综合改革，引导其发挥各自独特作用。

其一，要加快建设若干所国际一流的研究型大学，发挥学术研究综合型大学为上海建设"具有全球影响力的科技创新中心"进程中的核心主导作用。要引导学术研究综合型大学为上海建设"具有全球影响力的科技创新中心"做出贡献，继续强化其作为基础领域研究主力军的地位。龚克（2015）认为："基础研究虽然不能很快发挥效益，不能很快转化成生产力和就业机会，但这是创新的源头。"② 高等学校宽松自由的学术环境、强大科研人才储备和门类齐全的学科体系，为基础研究工作奠定了其他机构无法比拟的优势。其次，学术研究综合型大学要发挥全球高端人才的集聚效应，凭借自身优势和领先的科研水平，吸引全球一流人才集聚上海。要通过积极与世界知名科研院所的交流与合作，引进一流科技人才及团队，建立更加灵活的人才管理制度，提供有竞争力的福利待遇，提升科技人才科研创新活动的物质硬件和政策软环境。③ 要吸引和集聚更多来自世界各地的优秀学者、教师和青年科技人才，为上海打造全球人才高地做出贡献。所以，学术研究综合型大学要继续发挥基础

① 《上海强化教育综合改革的市域统筹（二）：编制高等教育布局结构与发展规划 推进高校分类管理、特色发展》，2016 年，http：//www. moe. gov. cn/jyb_ xwfb/s5989/s6635/s8537/zl_ shqhjyggsytc/201604/t20160415_ 238525. html。

② 付毅飞：《高校基础研究：烧水不能老掀盖子》，《科技日报》，2015 年 3 月 15 日。

③ 苏洋、赵文华：《我国研究型大学如何服务全球科技创新中心建设——基于纽约市三所研究型大学的经验》，《教育发展研究》，2015 年第 17 期。

研究主力军和全球人才集聚高地的作用，为"科技创新中心"建设提供理论基础与支撑。

其二，要加快建设一批国际一流的高水平学科。要发挥学术研究综合型和学术研究多科型大学主力军作用，重点建设一批国际一流的高水平学科。要引导学术研究综合型和学术研究多科型大学立足现有基础和优势，对接战略性新兴产业和未来支柱产业，把握世界科技发展前沿和趋势，选择一批重点领域实施重点突破。要通过世界一流学科建设支撑高端装备制造、新材料、生物产业等领域的发展，提升新能源产业、新一代信息技术产业、节能环保产业发展的能力。综上，学术研究综合型和学术研究多科型大学应当整合各类学术资源，聚焦新兴信息技术、新能源等重点领域，尽快建设若干个国际一流水平的标志性学科。①

其三，要重视跨学科研究和人才培养，形成多学科交叉融合的新模式。复合型知识是创新人才和科技创新的重要基础。新知识的产生和关键技术的突破，需要多学科的支撑与协同。学术研究综合型、学术研究多科型、应用研究综合型、应用研究多科型四类高等学校都应面向产业需求，推进跨学科研究。为此，必须打破传统的学科壁垒，发挥学科融合优势，积极创新科研管理的组织形式，建立一批跨学科的研究院或研究中心。

其四，推进高等学校的科技孵化器和科技园建设。科技孵化器和科技园可以为高校师生提供必要的研究设施和基础服务，并使他们通过创办高新技术企业，将相关科技成果转化为现实生产力。目

---

① 苏洋、赵文华：《我国研究型大学如何服务全球科技创新中心建设——基于纽约市三所研究型大学的经验》，《教育发展研究》，2015 年第 17 期。

前，上海有多家科技部、教育部认定的国家级大学科技园，成为上海新兴产业与新技术的重要孵化基地。学术研究多科型、应用研究综合型、应用研究多科型、应用技术多科型四类高等学校都应当紧密依托大学科技园及科技企业孵化器，立足企业需求，通过制度创新和模式创新，培育出更多的科技创新型企业。①

其五，促进科技成果转化，支撑企业科技创新。在上海建设"具有全球影响力的科技创新中心"进程中，企业技术创新和研发需要高等学校和科研机构的支撑。高等学校要在产学研合作中发挥积极作用，要主动对接企业和市场的技术需求，高校教师和科研人员要下企业、进市场，把握市场产品服务需求，了解企业技术创新需求。在这些方面，要引导和激励应用研究综合型、应用研究多科型、应用技术多科型、应用技术特色型四类高校发挥更大作用。

其六，培育优秀工程技术人才，支撑上海科技企业发展。上海建设"具有全球影响力的科技创新中心"不仅需要国际一流的科技人才，更需要大批高素质、高水平工程技术人才。高等学校科学研究的价值不仅仅在于创造新的知识和发明新的技术，还在于能够培养新一代的科技人才，为科技创新能力提升提供源源不断的人才支撑。因此，要引导应用技术多科型、应用技术特色型、应用技能特色型三类高等学校为工程技术优秀人才的培养做出更大贡献。

---

① 赵丹洁：《中关村自主创新的支柱力量》，《中国中小企业》，2010 年第 9 期。

第三节　加大高等学校科技创新投入的政策建议

以下主要从六个方面，提出加大高等学校科技创新投入的相关建议：

第一，依据党中央提出新发展阶段我国"努力成为世界主要科学中心和创新高地"的迫切期望，各省区市高校应当进一步深化贯彻落实各地关于建设"科技创新中心"的战略要求，主动对接，积极作为，切实提升自身参与科技创新治理体系建设的基本能力。

第二，借鉴上海经验，加快推进高等学校分类体系政策落地。首先，要改变高等学校等级划分的观念，在"科技创新中心"建设过程中，各类高等学校皆应发挥各自独特的不可替代的作用。其次，在政策引导上，要对各类高等学校一视同仁，激励各类高等学校依据本地区科技创新发展的战略要求，准确定位，精准发力。

第三，要给予高等学校更大的办学自主权。要结合政府职能转型，完善教育行政主管部门和高等学校之间的关系，逐步将目前实行的行政隶属关系转变为政府引导下的高校自主办学的治理结构。要引导和激励各类高等学校在人才培养、科技创新、社会服务和文化传承四个领域，主动对接经济社会发展需求，主动对接企业科技创新需求，主动对接市场需求，发挥各自优势，并在高等学校学科专业设置、经费使用、职称评定、人才引进、薪酬安排等方案，给予高等学校更大的决策权。

第四，要加快推进高等学校内部治理结构的改革，逐步改变高等学校的行政化倾向，将高校的内部治理转变为以人才培养和科技创新为中心内容的、多元主体参与的治理结构，激发广大教师和科研人员投入教学科研的积极性和主动性。要进一步完善高校教师教学科研能力评价体系，以人才培养和科技创新的实际贡献作为教师职业能力评价和职称评定的依据，激励高校教师和科研人员投入到培养创新人才和开展科技创新中去。

第五，要进一步完善高等学校与科研机构、企业之间的产学研合作机制，建立产学研合作的利益协调机制，确保参与科技创新的主体的各自利益。要采取积极政策，推动高等学校主动与企业、市场对接，促进科技成果转化。

第六，要进一步加大高等学校的学科建设和科技创新投入，在加大高校"双一流"建设的同时，在教育科研投入方面也要对各类高校一视同仁，依据各类高校学科建设和科技创新发展中的实际需要给予必要的投入。尤其是要支持相对薄弱的地方高校发展，目前各省区市的地方高校多数都是应用技术多科型、应用技术特色型、应用技能特色型的高校，这类高校在"科技创新中心"建设中同样发挥着重要的独特作用，在政策上要给予必要的倾斜。

第五章

多学科协同对科技创新治理体系发展的显性影响

　　进入 21 世纪以来，多学科协同科技创新攻关已经成为科学研究的重要的制度安排，是各国进行研发创新的重要途径。当今世界，伴随科学技术的飞速发展，知识总量也呈现出爆炸式的增长。科技的进步和知识的增长已将人们的生活方式和社会的发展方式彻底改变，社会发展又推动着科学研究方式进一步发生变化。当今世界的经济发展、社会冲突、环境污染等问题正在成为全球性的问题，聚焦上述问题的科技研究也因此变得更加深入、复杂与综合。从不同视角和理论基础出发的多学科协同研究已经取代单一学科研究，而在科技创新攻关过程中联合多学科进行协同攻关，越来越成为主流的科学研究形式。

第一节 多学科协同自主创新的现实价值

多学科协同科技创新攻关，从研究范式看，属于跨学科研究。在国外，跨学科研究早已成为学界热点。美国跨学科研究促进委员会曾指出："跨学科研究已经成为最多产的、最鼓舞人心的人类探索活动的追求，它可以提供一种引导新知识、建立新联系和对话的重要途径。"[①] 英国大学拨款委员会的评价组织和科研联合委员会也发表过《跨学科研究与科研评价活动》《促进跨学科研究与教育》等一系列促进跨学科研究的报告，推动了英国跨学科研究的发展。[②]

在我国，近年来有关跨学科研究和协同创新的研究也开始得到学界关注，我国政府、高校、科研机构都十分重视跨学科研究的发展。国家层面上的各类人才计划、高校创新能力提升计划、国家重点实验室，以及各个高等学校创建的高新技术创业基地等，都体现了我国跨学科研究发展的趋势。然而，我国开展多学科协同科技创新攻关，无论在多学科协同创新领域，还是在科研组织方面，不仅受到传统的体制机制制约，也普遍缺乏跨学科的科学团队和有效组织管理形态。跨学科研究组织协同创新能力的滞后，严重阻碍了高校和科研机构在我国区域经济社会发展中所应发挥的自主创新作用。

---

① 王建华、程静：《跨学科研究：组织、制度与文化》，《江苏高教》，2014 年第 1 期。
② 杨连生、吴卓平、王松婵：《跨学科研究组织协同创新运行机制的支撑条件与管理策略探析》，《高等农业教育》，2014 年第 5 期。

为此，深入研究高等学校和科研机构多学科协同科技创新攻关的管理体制机制及其科研组织形态具有重要意义。

近年来，为适应科技发展的需要，我国许多高等学校和科研机构都认识到多学科协同研究的重要性，并通过组建跨学科科研团队、建立共享研究平台、设立学科交叉研究专项、培育交叉学科等方式，逐步推进多学科协同创新工作。许多高等学校和科研机构积极参与各地产业创新战略联盟，与地方政府及行业主管部门共建研发基地，与企业联合申报科技研究项目，并通过整合学科力量服务地方经济发展。① 这些举措有效提升了我国地方科技创新能力。

多学科协同科技创新攻关本质上就是高等学校和科研机构的多学科协同创新。它是指高校、科研院所和企业的研究者、生产者、管理者之间，围绕国家重大战略需求、重大科技项目、解决行业关键和共性技术以及生产实际中的重大问题，投入各自的优势资源和能力，在政府、科技服务中介机构、金融机构等相关主体的协同支持下合作攻关，从而力求在科学研究、技术开发上取得重大进展和突破的科技创新活动。②

目前，高等学校和科研机构的多学科协同科技创新攻关存在诸多问题。首先，多学科协同受制于传统学科的影响，多学科协同科研团队和组织管理在观念上认识不足，现实中没有健全的体制和充足的经费的支持与保障，缺乏健康发展的空间和平台。我国现行的高等教育学科专业目录也是按照单一学科来归类的。其次，我国对

---

① 李忠云、邓秀新：《高校协同创新的困境、路径及政策建议》，《中国高等教育》，2011 年第 9 期。

② 刘新才：《吉林省高校协同创新工作的现状与提高策略》，《现代教育科学》，2014 年第 1 期。

高等学校和科研机构多学科协同科技创新攻关的理论研究较为滞后，对多学科协同科技创新攻关的内在规律缺乏深刻把握。最后，多学科协同科技创新攻关缺乏多学科研究组织协同创新运行机制的支撑条件与管理策略。

当然，高等学校和科研机构多学科协同科技创新攻关中所存在的问题是现实的，也是历史的。从知识的历史演变过程来看，知识经历了从"自治"到"自反"状态的转变，知识逻辑的转变引发了学科思维和方法论的转向。① 科学整体论得到学界的重视，而多学科协同正是在这一研究思维的逻辑上衍生出来的。在知识的历史发展过程中，知识分化的基础正是基于学科这一传统制度，因此，学科思维对多学科协同研究思维的发展会产生一定的阻碍作用。目前，传统的学科组织在我国高校、科研机构中仍然占据主导地位，甚至这种传统学科组织形态还存在强化趋势，高校的学术组织文化和学术组织制度都存在一定的路径依赖性，这使得多学科协同的研究方式在高等学校和科研机构中难以遵行。

高等学校和科研机构作为科技研究的生力军，在科学技术既高度分化又高度综合的背景下，更应当重新审视多学科协同创新的现状和面临的问题，探索多学科协同科技创新攻关的有效路径，通过体制机制创新和科研政策引导，鼓励不同学科之间、不同研究机构之间建立多学科协同自主创新联盟，共同开展重大科研项目攻关，以期在关键领域取得创新性成果，为建设创新型国家做出应有积极贡献。

---

① 张庆玲：《知识生产模式Ⅱ中的跨学科研究转型》，《高教探索》，2017 年第 2 期。

第二节　多学科协同创新发展的理论内涵

学科是大学中的知识体系和基本单位。在大学体系下，学科对于整个高等教育系统具有无可替代的重要作用和意义。因此，自欧洲中世纪的大学诞生起，学科便随之产生。随着时间的推移，大学不断发展，学科也不断增多。

一、关于"学科"的理论内涵

"学科"研究在不同时期有不同的定义。词典中关于学科的定义一般包括三个内容：一是学术的分类，是指自然界中的某些科学领域或知识分支，例如物理学、生物学、社会学和教育学等。第二是教学主题，是指学校教育内容的基本单位，例如政治、语文、数学、外语、物理、化学、历史、地理、音乐、绘画、体育等。从词源学的角度来看，"学科"一词是从英语单词"Discipline"翻译而来的，其含义是知识的一个分支。但是对于"学科"的内涵，学界有很多不同的解读。一般来说，学术界对学科的主要解释有两种：

一是学科即知识体系，认为学科起源的内涵是指知识的分类。人类对世界的认识经历了从整体到局部再到整体的过程。在认知的早期阶段，人类认识有局限性，整个知识体系被看作是整体性的。随着人类认识能力的发展深化，知识呈现爆炸式发展，各种知识分支出现并显示出连续的树状结构。随着知识分支不断拓展，人类知识呈现分化的趋势：一方面，知识朝着更加精细的方向发展，学科分支不断涌现。另一方面，学科边界交叉融合，形成诸多新的知识系统，推动着跨学科、交叉学科和新兴学科的诞生。知识开始朝着综合的方向发展，学科开始重新融合。可见，人类知识体系是人类社会不断发展的产物，学科并非由某一个体或流派所创建，学科的合法性主要来源于内在同行的忠诚和外在学界的认可。① 在知识层面，学科是一种存在内部逻辑关系的知识体系，是科学发展到成熟阶段的产物。它具有特定的研究对象、完整的理论体系、学界公认的专业术语和方法论，以及代表性人物和经典著作等。

二是作为组织结构的学科，这种解释认为学科除了有知识体系的含义之外，还有纪律、训练和制度的含义。伯顿·克拉克在《高等教育新论》中指出："知识是包含在高等教育系统的各个活动中的共同要素。"② 同类知识称为"学科"，而"组织"正是围绕这些学科所确立起来的。因此，学科实际上就是一种把每门学科的专家联结起来的专业化组织方式。学科活动的共同内容就是发现、保存、提炼、传授和应用知识。可以看出，学科不仅对不同类型的知识进行分类，而且还会根据其专业知识来聚集从事该领域的人员。通常他们都有自己的话语系统。实际上，学科的制度化是一个漫长且逐步完成的历史过程。从中世纪学科开始出现到现代大学中自然科学和社会科学分支的出现，知识的分类导致了跨学科。随着大学的兴

---

① 王建华：《学科承认的方式及其价值》，《国内高等教育教学研究动态》，2012 年第 19 期。

② ［美］伯顿·克拉克主编：《高等教育新论》，王承绪等译，浙江教育出版社 2001 年版，第 267 页。

起和繁荣，学科和大学共同形成了类似"矩阵结构"的框架。学科是大学中最基本的组织单位和形式，而大学是学科的组织体系。从制度层面上看学科，则主要涉及学科标准或学科规范等。

综上所述，学科是一个复杂的多维概念。从不同层面分析"学科"的概念，其含义是不同的。因此，对于"学科"一词，学术界大多从不同的层面对其进行概括，并将其划分为不同的维度来进行解释。概括起来，其至少有三个层次的含义：第一，从知识视角看，它是指存在一定内部逻辑关系的知识系统；第二，从组织视角看，它是指由具有相似学术背景的学者组成的学术组织或团体。第三，从制度视角看，它指的是学科内部人员的从业规范和标准。笔者所探讨的多学科协同问题，主要是将"学科"作为一种知识体系来进行考察。

二、关于"多学科"的理论内涵

多学科协同中的"多学科"也可以解释为"跨学科""交叉学科""横断学科"等。"跨学科"（Interdisciplinary）一词最早出现于20世纪20年代的美国。1926年，哥伦比亚大学的著名学者伍德沃斯（R. S. Woodworth）基于"合作研究"的含义，提出了"跨学科"一词。[①] 20世纪60年代，"跨学科"一词被广泛使用。但"跨学科"一词的定义在英语或中文语境中都未曾统一，类似的概念还有"交叉学科""多学科"等。这些术语之间有许多细微的差异，但学术界没有对此做出严格的划分，因而常常出现混用的情况。

---

① 陈涛：《跨学科教育：一场静悄悄的大学变革》，《江苏高教》，2013年第4期。

国内的学者对于"跨学科"的内涵做了系统的研究和阐释，认为"跨学科"可以从三个层次上解读：一是指打破学科壁垒，把不同的学科理论或方法有机融为一体的研究或教育活动；二是指包括众多学科在内的学科群；三是指一门跨学科的规律和方法为基本内容的高层次学科。因此，"跨学科"是由具有相同专业知识背景、遵从相应学科体系和规范，以及使用相关学科教材的学术人员所组成的实体组织。实际上，作为"跨学科"在组织层面的内涵，其从知识的运作和生产的角度更加强调学科内学者的主体地位，以及学者的主观能动性的发挥和学科主动构建的积极性。

从目前的研究看，对"跨学科"的内涵有很多种解释。笔者主要是将"跨学科"理解为多种学科之间的相互联系或多学科之间的协同，亦即一种打破学科壁垒的通过使用两个或多个相互关联的学科思想、方法、理论、概念等进行研究或教育活动的方法。因此，"跨学科"既基于学科，同时也超越了学科。厘清了"跨学科"的概念，便可进一步讨论"跨学科研究"。在人类的科研活动中，由于面临的问题越来越复杂，人们很难仅仅运用一门学科的知识和方法去彻底解决问题，于是出现了"跨学科"或多学科协同研究的需求。笔者认为，"跨学科"研究或多学科协同研究是指由大学和科研机构中的学者、科研团队或组织运用两个或多个不同学科的思想、概念、方法以及程序而进行的科学研究，其目的是解决单一学科无法解决的复杂问题。

第三节　学科群建设组织形态的演化规律

　　学科是高等学校的重要基础单元，也是高等教育系统有别于其他系统的独特基本结构。学科建设特别是学科组织结构的设置，是影响一所高校办学水平及发展前景的关键因素。纵观我国高校发展的历史，学科组织结构始终遵循的是校、院（系）、专业的单一化的纵向管理模式。随着科技进步与经济发展，传统单一的学科组织结构已经不能适应经济社会发展的需求，迫切需要变革与创新。①

　　学科组织是伴随着大学的形成与发展而进行的。张金磊在《论大学学科组织的历史演变与发展趋势》一文中，从大学产生和发展历史出发，将学科组织的发展时期划分为三个阶段，分别是早期大学的学科组织萌芽发展时期、近代大学的学科组织专业化发展时期以及现代大学的学科组织综合化发展时期。在萌芽发展时期，学科组织还没有发展成为官方认可的正式组织，因而其活动相对独立，结构单一松散，标准灵活多样。在专业化发展时期，西方各国完善了各学科组织，并形成了以学科为基础的大学组织模式。到了综合化发展时期，大学科研领域出现了一些跨学科项目、跨学科课题组、跨系实验室、跨系（学科）研究等，综合化的知识生产方兴未艾，

----

　　①　邹晓东、段丹：《现代大学学科组织结构创新》，《教育发展研究》，2004 年第 5 期。

大学组织结构逐步朝着矩阵组织结构发展。① 李金奇、冯向东（2006）将学科发展划分为学术组织发展、知识体系发展两个路径，并阐述了学科规训对学科发展的促进与限制作用，他们认为："学科规训促进了学科的学术机构的形成与扩展，促进了学科研究范式和教学模式的形成"，同时，学科规训对学科发展也起到一定规限作用，即"学科文化的分离"和"跨学科研究的限制"。②

高等学校学科发展的基本趋势是由单一学科向多学科发展。学科合并调整和学科交叉综合都是促进学科发展的重要方式，学科组织结构的创新有利于提高学科组织运行的效率。傅冠平、潘海天（2003）指出，构建学科群是高等学校学科建设的必然趋势，也是现代科学发展高度分化和综合的结果，对学校学科布局、人才培养、队伍建设、科学研究等方面产生深刻影响。③ 宣勇、钱佩忠（2006）将学科划分为两个方面——作为知识分类体系的学科与作为知识劳动组织的学科，并分析了知识增长和学科发展之间的辩证关系。他们认为两者相互依存，知识增长促进作为知识分类体系的学科的分化、综合和交叉，知识增长方式的转变则推动作为知识劳动组织的学科的产生和发展；同样，作为知识分类体系的学科和作为知识劳动组织的学科的发展也促进了知识增长。作为知识劳动组织的学科是知识传播、应用、创造的集约化组织，是高校需要着力建设的基

---

① 张金磊：《论大学学科组织的历史演变与发展趋势》，《黑龙江高教研究》，2014 年第 2 期。

② 李金奇、冯向东：《被学科规训限制的大学人文教育——一种学科归训制度的视角》，《高等教育研究》，2006 年第 9 期。

③ 傅冠平、潘海天：《构建学科群加快学科建设》，《化工高等教育》，2003 年第 4 期。

层学术组织，它能保持知识的可持续创新和增强知识的集团创造力。①

　　翟亚军、王战军（2009）对大学学科发展的历史变迁进行了较为深入的研究，将大学诞生以来的学科发展划分为了六个时期，分别是：欧洲中世纪（大学和学科发展的冰河期）、意大利时期（大学和学科发展的陌路期）、英国时期（大学和学科发展的解冻期）、法国时期（学科和大学关系的磨合期）、德国时期（大学和学科发展的共生期）、美国时期（大学和学科发展的共荣期）。他们认为，中世纪以来，大学中的学科发展经历了从个人到学会再到科学院，最终到大学的演变历程。意大利时期，大学中学科的发展往往是个人的行为；英国时期则是把发展科学的任务交给了学会；经历了法国时期和德国时期，直到19世纪初，学科才得以真正走入大学。20世纪后，大学和学科之间的关系变得更加密切，并且相互依存、唇齿相依。②

　　综上所述，学科的形成与发展具有独特的规律，从历史、现状、问题、理念以及影响因素等不同角度展开分析，有助于揭示其内容演化的基本规律。学科是大学的基础，学科的发展与大学的发展密不可分。可以说，大学就是建立在学科基础上的知识传播和知识创造的组织。在现代大学的学科发展中，学科建设制度决定着大学发展方向，学科建设中的种种问题，也直接反映了大学发展中的问题；与此同时，大学新的知识生产方式和科学研究范式也对学科发展产

---

① 钱佩忠、宣勇：《学科发展：大学战略规划的基点》，《教育发展研究》，2006年第23期。
② 翟亚军、王战军：《大学学科建设模式的嬗变》，《现代教育管理》，2009年第7期。

生了冲击和影响，因此，改革学科研究方式对于学科发展具有重要意义。

学科发展与学科制度变迁有着紧密联系。"学科制度"最早由法国哲学家福柯提出。他认为，首先发展出"规训性"观察方法的是那些教育实践方式。在国内学界，方文（2001）较早研究了"学科制度"的概念，他从哲学角度提出学科制度是秉承职业伦理体系的知识行动者在特定学科的知识生产和知识创新过程中所构建的制度体系，其基本要素包括知识行动者群体及其职业伦理体系、学科培养制度、学科评价与奖惩制度、学科基金制度等。① 王建华（2003）则认为，学科制度主要是进行一种观念范式或理论体系建构的标准与规范，即学科规范体系。② 郑杭生（2002）从学科制度的层次入手，将学科制度划分为三个层次：第一层次是学科的深层理念，第二层次是学科的规范体系，第三层次则是学科的物质体现。③ 万力维（2006）则从权力的视角出发，根据"制度"的本意进行探讨。他认为，学科制度是指在一定历史和现实条件下社会用来规范、支配和协调学科的资格准入、组织构建、相互关系等方面的规则体系，其内容包括大学学科准入制度、大学学科等级制度、大学学科划分制度、大学学科配置制度等。④ 贾莉莉（2009）认为，学科制度可以分为学科的内生制度和外显制度。所谓"内生制度"指学者在学科的规训过程中形成了一套规范的学术标准和学术规则，学者对此

---

① 方文：《社会心理学的演化：一种学科制度视角》，《中国社会科学》，2001 年第 6 期。
② 王建华：《学科、学科制度、学科建制与学科建设》，《江苏高教》，2003 年第 3 期。
③ 郑杭生：《社会学学科制度建设在中国的发展》，《新视野》，2002 年第 5 期。
④ 万力维：《大学学科等级制度的建构逻辑》，《高等教育研究》，2006 年第 6 期。

表示认同和接受，甚至将之进一步内化为自己所追求的目标；所谓"外显制度"则指以学科为基础的、为了实现学科发展而进行的组织建制和制度安排。① 吴国盛（2002）从学科建设角度讨论学科制度的内涵，认为其中既有内在建设，也有外在建设。"外在建设"是争取外部社会资源，如争取社会舆论、政府、投资者、慈善家等方面的重视等；"内在建设"则主要是建立各种各样的学术标准和学术规则，而且使这些标准和规则成为学者的共识，并成为他们的目标和行为的准则，真正成为一种精神层面的制度，从而起到规范的作用。②

关于学科制度形成与发展的研究，学界主要关注的是其与大学制度之间的关联性。学科制度的形成与发展同大学制度的形成与发展息息相关。庞青山、曾山金（2004）研究西方大学学科制度的发展历程，认为欧洲中世纪大学是学科制度起源的场所，并将学科制度的发展历史划分为四个时期，即中世纪大学学科制度（教学方法与学位制度的规训）、18 世纪后期开始的学科制度（各种新的教育实践方式相结合并引入教育场所）、19 世纪后期开始的学科制度（选修制的推行、大学职能的变化与研究生院成立带来的学科制度的变革），以及第二次世界大战后的学科制度（跨学科研究和学习制度及教学、研究与社会服务在高层次上的整合带来的学科制度的变化）。③ 庞青山、薛天祥（2004）还指出，我国学科制度建设存在着诸多问题，如学科划分与设置制度行政规范功能过强，学校自主性

① 贾莉莉：《学科视角下的中美研究型大学学院设置比较分析》，《中国高教研究》，2009 年第 7 期。
② 吴国盛：《学科制度的内在建设》，《中国社会科学》，2002 年第 3 期。
③ 庞青山、曾山金：《大学学科制度内涵探析》，《现代大学教育》，2004 年第 4 期。

不足；课程标准的趋同性有余，多样性不足；学科研究规范不完善；学科评价制度和学科奖励制度不科学、不健全。他们由此进一步提出若干针对性建议，如将学科划分和设置的权力逐步交给学者和大学；建立尊重学习者知识需要的多元课程标准；建立科学的、有效激发积极性和创造力的学科评价制度和学科奖励制度。①

现代科学发展规律表明，跨学科与学科交叉是未来科学发展的必然趋势。当今世界，小到生物基因研究，大到"伽利略计划"等太空工程，每一项科学研究都是综合性、跨学科性的。可以说，跨学科研究正在成为科学研究的主流。

1972 年，经济合作与发展组织（OECD）在国际跨学科研讨会上，将"跨学科"定义为"跨学科是指两门或者两门以上不同学科之间的相互联系，从思想的简单交流到较大领域内教育与科研的概念、方法论、程序、认识论、术语、数据以及组织之间的相互联系"。② OECD 对"跨学科"概念进行的界定，成为学界开展跨学科研究借鉴的标准。20 世纪 80 年代后，跨学科研究蓬勃发展。国外关于跨学科研究的学者都认同跨学科研究具有复杂性、系统性和整体性。跨学科研究的主要特点体现为：深度融合不同学科；所面向问题高度复杂且涉及面广；使用的方法和技术高度系统、整合。因此，跨学科研究发挥着学科研究、多学科研究所无法比拟的作用。

在国外，朱莉·汤普森·克莱恩在《交叉学科：历史、理论与实践》一书中，对跨学科研究的当前现状进行了详尽分析。为了推

---

① 庞青山、薛天祥：《大学学科制度的建设与创新》，《中国高教研究》，2004 年第 5 期。

② 姚蒙、周群英：《跨学科学习的教学组织体系构建》，《黄冈师范学院学报》，2018 年第 1 期。

动跨学科研究的发展，美国、英国、德国等发达国家的相关机构和组织也对跨学科研究现状做了大量调查研究。2004 年，美国国家科学院发表了《促进跨学科研究》的报告，分析了跨学科研究的现状及问题，对美国国家科技创新体系进行了详细的调查研究，并向美国国会提交了咨询报告，对促进美国高校开展跨学科研究起到了积极作用。① 同一时期，欧盟的科研咨询团也发表了研究报告——《欧洲的跨学科研究》，这份报告系统分析了当前阻滞欧洲跨学科研究的障碍，并提出了具有针对性的解决措施。

在国内，金吾伦主编的《跨学科研究引论》一书具有代表性，他在该书中将"跨学科研究"定义为发生于自然科学、人文社会科学各自内部有关学科的交叉领域而且也大量发生于这两大类之间的边缘地带的研究活动，因而又可称为"交叉科学研究"。② 但相比国外研究，我国学界对跨学科研究现状和趋势的学术总结和调查分析均相对滞后。20 世纪 90 年代，我国曾召开第一届全国交叉学科（跨学科）学术研讨会，但之后就没有召开过第二届。

进入 21 世纪，我国政府和学界才开始关注跨学科研究。2002年，首届交叉学科科学家"圆桌会议"于上海举行，重点讨论我国跨学科研究的现状及发展。此后，李丽刚、谢成钢（2004）对美国跨学科研究的现状进行分析，总结归纳了高校跨学科研究的主要运行模式和体系。③ 周朝成（2009）系统分析了中外大学中跨学科研究的现状和问题，认为当前跨学科研究受到来自文化、组织、资源

①　程如烟：《美国国家科学院协会报告〈促进跨学科研究〉述评》，《中国软科学》，2005 年第 10 期。
②　金吾伦主编：《跨学科研究引论》，中央编译出版社 1997 年版，第 3、4 页。
③　李丽刚、谢成钢：《MIT 跨学科研究探析》，《学位与研究生教育》，2004 年第 12 期。

配置和评价方面的多重阻碍。① 陈何芳（2011）指出，我国大学跨学科研究存在三重障碍，分别为：组织上，由于院系隔离和学位欠缺导致的组织障碍；制度上，由于僵化的人事制度和评价制度导致的制度障碍；资源管理上，由于以学科分化为基础的管理体制、学术评议中的"本位主义"而造成的资源障碍。② 王建华、程静（2014）分析了跨学科研究快速发展的现状，从组织、制度与文化三个方面对学科到跨学科的转变展开剖析，认为当前已经进入跨学科研究的制度化阶段，但仍面临来自学科文化的冲突。③

综上所述，跨学科研究是现代科学研究的重要范式，也是科学创新发现的重要前提。但是推动跨学科研究必然会受到传统科学研究的组织形式、制度规范和观念文化等一系列因素的制约，尤其是在我国现行的大学管理体制下，破解上述难题尤为困难，因而需要进一步推动大学制度的创新和科学文化的再造。

① 周朝成：《当代大学中的跨学科研究》，《高等教育研究》，2009 年第 7 期。
② 陈何芳：《论我国大学跨学科研究的三重障碍及其突破》，《复旦教育论坛》，2011 年第 1 期。
③ 王建华、程静：《跨学科研究：组织、制度与文化》，《江苏高教》，2014 年第 1 期。

第六章

科研院所多学科协同科技创新攻关的
现状调查

高等学校和科研院所都是科学知识创造的重要机构。当下，许多科研院所同高等学校一样也招收研究生，并承担一些知识传授工作，但科研院所的主要任务是知识创造，这是它与高等学校最大的不同。从知识创造的角度看，多学科协同科研创新攻关作为一种新型的知识生产方式，是科研院所亟须关注的一个问题。

第一节　科研院所多学科协同科技创新攻关的
总体环境

我国高等学校和科研院所开展多学科协同科技创新攻关，大致起源于20世纪50年代。当时，科研人员在科学研究过程中发现了许多系统性的复杂难题。在解决这些难题时，多学科交叉研究的优势逐渐呈现出来。例如，在以"两弹一星"为代表的大科学工程项目中，许多高等学校和科研院所在国家组织下，迅速开展多学科协同科技创新攻关，顺利攻克了一个又一个科学难题。改革开放以来，在国家级科研院所的主导下，我国在航空航天、生物工程、信息技术等多个科技创新领域，又陆续开展了一系列重大项目多学科协同攻关，取得了举世瞩目的辉煌成就。

进入 21 世纪以来，多学科协同科技创新攻关成为我国科学技术创新发展的关键驱动力。在《国家中长期科学和技术发展规划纲要（2006—2020 年）》中，国家明确要求推动多学科的相互交叉，并促进数学等基础科学向其他各领域渗透。《国家中长期科学和技术发展规划纲要（2006—2020 年）》指出，要推动"基础科学之间、基础科学与应用科学、科学与技术、自然科学与人文社会科学的交叉与融合"，这些交叉和融合"往往导致重大科学发现和新兴学科的产生，是科学研究中最活跃的部分之一"，因此，"要给予高度关注和重点部署"。①

综上所述，我国科研院所开展的多学科协同研究，在科技创新攻关实践中积累了丰富的经验，也取得了显著的成效。但也要看到，科研院所多学科协同研究同样也碰到了高等学校所面临的组织、制度和文化等方面的制约问题。

---

① 中华人民共和国国务院：《国家中长期科学和技术发展规划纲要（2006—2020 年）》，2016 年 8 月 14 日，http：//www. gov. cn/gongbao/content/2006/content_ 240244. htm。

第二节　科研院所多学科协同科技创新攻关的 制约因素

高等学校和科研院所的学科建设在近几年发展中越来越受到重视，并取得了不错的成绩。然而学科建设在多学科协同创新过程中仍然存在不少制约因素，主要表现为现有学科研究的组织形态、制度规范、文化观念与多学科交叉研究范式之间的冲突。

高等学校和科研院所扮演着为社会、经济、文化、科技发展培养高层次人才和提供科学理论、技术支持的重要角色，因此，其学科建设也必然以这种定位为依据，以社会、经济、文化、科技发展为导向。目前，无论是应用技术，还是工程技术，重大技术攻关中的跨学科交叉研究已经成为必然趋势。然而，高等学校和科研院所中传统的学科研究方式还是以单一学科为主，学科团队仍习惯于以某一固定学科建立学术组织；相关技术攻关管理也基于单一学科而展开，学科组织结构和科研行政管理在一定程度上制约了高等学校和科研院所的技术攻关成效。

长期以来，由于"学科""专业"概念经常被混淆，高等学校和科研院所出现了学科分化过于绝对的局面，造成各门学科之间相对独立，资源无法有效共享。在人才培养方面，表现为系统化不足，理论知识面狭窄；在科研方面，表现为研究方向单一与整体效益低下等问题。一些高等学校在学科建设过程中，片面追求学科数量而忽视了质量，盲目追求学科设置的全面性与多样性，单纯为了创办综合性研究型大学，以至于众多学科重复设置，缺乏必要的学科特色。一些高等学校院系和科研院所也会盲目追求小而全的学科布局，致使本来就有限的资金更加分散，重复购买科研设备且利用率低，而现在科学技术发展日新月异，科研设备更新换代很快，这就造成了极大且不必要的浪费。

此外，还有一些高等学校和科研院所的学科结构不合理，传统学科之间、传统学科和新兴学科之间发展不平衡；学科组织往往以单一学科为基础，基础学科研究水平不高，应用科学应用性不强，导致基础学科与应用学科之间缺乏有效结合，难以形成互补之势。上述问题产生的关键，是高等学校和科研院所现有学科研究的组织形态、制度规范和文化观念，仍在一定程度上制约着多学科交叉研究；资本、人才等创新要素不能充分汇聚，因而学科建设的协同创新水平不高。

综上所述，多学科协同科技创新攻关的制约因素主要是高等学校和科研院所内部的组织、制度和文化等因素。在传统的高等学校和科研院所的科研管理制度中，传统的学科组织制度和管理体制往往具有路径依赖性，传统科研观念更是具有排斥性，这就导致了多学科交叉研究往往被刻意回避。

多学科协同科技创新攻关是为了满足经济社会发展的需要，解决复杂的科技创新问题。随着经济社会的发展与高校和科研院所参与社会发展的程度不断加深，为社会服务成为高校和科研院所的职能之一。因此，多学科协同是学科制度化内在逻辑演化过程中的必然趋势，跨学科协同研究的驱动力源于知识发展的内在逻辑。打破学科制度的壁垒，杜绝知识的"碎片化"和"原子化"，重构人类知识体系，是破解难题的关键思路。

具体而言，多学科协同科技创新攻关的制约因素，首先表现在学科知识层面上的壁垒。科学的演化过程也是知识和科学分化的过程。随着现代科学的发展，科学的发展不断分化产生出越来越多的学科门类。现代大学就是基于学科分化而构建起来，现代大学的组织形式和管理模式都是以学科门类为基础的。学科在知识层面上有着天然的壁垒和边界。每门学科就是一个严密系统。学科系统演化逐渐分离诸多子系统，成长为新的学科。在此基础上，每门学科都有特定的研究对象、知识标准、研究方法论、学科概念和知识体系等。每一门学科上述独特的要素，既是与其他学科区分的标志，也是其他学科不可逾越的壁垒。这一现象在高等学校和科研院所中是极其普遍的。

多学科协同研究在一定程度上弥补了学科壁垒所带来的诸多问题，但传统的学科研究范式依然顽强地干扰着学科交叉。例如，目前我国高等学校和科研院所内组织开展的跨学科研究，仍然离不开传统的学科体系的基础，根深蒂固的学科体系具有极强的规训性，科研人员都有属于自己的学科，拥有特定的研究领域，这使得他们始终以本学科为中心进行思维和活动。生活在由本学科构建起来的"藩篱"下的科研人员，即便试图从事多学科研究活动，最终也会受到多重制约。

多学科协同科技创新攻关的制约因素，还表现在学科组织制度层面的分离。高等学校和科研院所都是以学科为基本单位而组建的。在高等学校中，一般会建立"校—院—系"三级组织形式。在这种三级组织形式中，一个"系"一般就是一个学科，"学院"是由相

近的学科（系）组成的，而若干个学科门类（学院）则组成了"高
等学校"。高等学校的三级组织形式是一种自下而上的垂直结构，其
纵向间联系非常紧密，而横向联结则被严格隔离开来。高等学校的
不同院系、科研院所的不同科室之间往往存在较深的隔阂，相互之
间的学术交流也不多。在这种传统组织结构和管理体制的约束下，
跨学科研究的科研组织往往存在诸多缺陷，即结构僵化、缺少灵活
性，甚至最终沦为某一级院所科室的附属机构，难以发挥多学科协
同研究的特色和主动性。在这样的管理学科制度下，即使开展了多
学科协同，其科研活动也与传统学科并无差异，多学科交叉协同研
究只是表面形式，其组织管理缺乏必要的创新活力。

从本质上看，多学科协同研究不仅是一种全新的科研组织方式，
更是一种创造性的学科思维方法。这种学科思维方法将科学知识视
为一个知识整体，并重新赋予其复合型和多样性的内在特征。多学
科协同研究代表了一种崭新的、先进的、富有创造力的思维方法，
它已成为现代社会和现代科学不断丰富与发展的基本手段和重要方
法之一。多学科协同的根本目标就是要打破传统学科的方法，打破
传统学科的界限，从而帮助传统学科建立起新的规则。

多学科协同是当今科学研究发展的趋势。世界各国高等学校和
科研院所在科研组织形态和科研制度规范等方面，都在努力推动多
学科协同研究范式的改革。当前，我国高等学校和科研院所开展了
一系列多学科协同科技创新攻关的实践探索，主要体现在以下方面：

第一，实施多学科协同研究计划。多学科协同研究计划是根据
特定的研究目标和任务而制定的协同计划。但它一般没有固定的组
织实体，而是以研究计划的形式，将多学科资源整合起来，并将研

究任务下达到不同学科的院所科室，由各院所科室组织开展学科研究。多学科协同研究计划的前提是各个院所科室围绕一个总体目标展开研究，其优势就在于不改变现行学科格局、最大限度地进行多学科协同。这种多学科协同组织形式受到的阻力相对较小，实施起来比较容易。

第二，多学科协同技术攻关课题组。多学科协同攻关课题组是一种全新的科研组织形式。与多学科协同研究计划不同的是，多学科协同攻关课题组一般采用临时性的、相对固定的组织形式，如在某一个院所科室下成立一个研究小组。它是企业、公司和高等学校、科研院所进行小范围合作时通常采用的一种形式，具有很好的可操作性。

第三，多学科协同技术攻关实验室。多学科协同攻关实验室一般由国家审批，依托重点研究项目或课题而建立。这种实验室的组织形式相对比较稳定，受院所科室的影响非常小，其成员主要是来自不同高校和科研院所的学者、教师以及部分研究生。

第四，多学科协同研究中心。多学科协同研究中心是高校和科研院所中规模比较大、人员比较多的跨学科研究组织，一般可分为两类：一类是挂靠在某一院所科室中，由该院所科室牵头并负责，其他院所科室提供人员协助参与，进行合作研究；另一类是独立设置的科研机构，实行自我管理，同其他院所科室地位平行。

除了上述四种主要形式之外，高等学校和科研院所的跨学科研究还有其他不同的形式，如多学科协同研究小组、跨学科研究协会等。尽管这些多学科协同研究组织的类型非常多，但按照权属关系，一般可分为两种，即归属于院所科室的、独立于院所科室的。归属于院所科室的多学科协同研究组织由院所科室负责管理，而依托于学科建制的院所科室并没有多学科协同研究的组织制度和管理经验，这就增加了跨学科研究的管理成本；在不同学科产生碰撞与冲突时，管理方往往听之任之，无从裁决，因而很多跨学科研究最终流于形式。独立于院所科室的多学科协同研究组织则往往能够更好地施展优势，因为相对独立的状态既能保证跨学科研究可以高效利用高校和科研院所的智力资源，又能保证跨学科研究可以快速突破学科边界，最终实现创新使命。

总而言之，目前的多学科协同研究尚未脱离传统学科制度的限制，尚未建立起一整套独立的研究组织机构和制度。这是因为多学科协同研究作为一种新的学科组织形式，其发展往往需要较长的时间。为此，我国高等学校和科研院所应当加强多学科协同研究的探索，从组织形态、制度规范和文化观念上，不断深化改革，总结经验。

第三节　多学科协同科技创新攻关的行业学院
实践探索

笔者以上海工程技术大学作为典型案例，分析地方性高校行业学院在多学科协同科技创新攻关组织和管理中的有益经验及存在问题。

一、多学科协同的行业学院办学组织结构

上海工程技术大学的体制机制创新基于现代大学的三大理念，即高等教育的针对性、高等教育的质量观和高等教育的国际化。这三个理念是由 1998 年首届世界高等教育大会提出的，并被写入大会通过的《21 世纪的高等教育：展望与行动世界宣言》和《高等教育改革与发展的优先行动框架》，成为 21 世纪高等教育发展的三个核心概念。其中，高等教育的针对性是指高等教育整个体制以及每一所高校对社会所起的作用，以及社会对高等教育的期望。正如《21 世纪的高等教育：展望与行动世界宣言》所说"高等教育的针对性应以高等院校的作为是否符合社会的期望来衡量"。① 因此，高等院校必须在实现社会目标与满足社会需求的基础上，更好地解决社会问题，并更加紧密地与就业相结合。

作为地方特色本科院校，上海工程技术大学在制度创新上一直坚持"走地方路，打特色牌"，一方面，努力使自身体制机制在社会功能上同地方和区域的政治、经济、文化发展相适应，更具有针对性；另一方面，努力使自身组织管理制度打破封闭模式，实行同区域经济联动的开放式办学。除此以外，上海工程技术大学积极破除科层制，发展多学科组织体制，给予多学科协同的行业学院和科研组织更大的自主权，不断推动学科、专业同区域经济的对接。这些都体现了地方高等院校进行制度创新、建立有地方特色的现代大学制度的有益尝试。

---

① 明轩：《〈世界高等教育宣言〉概要》，《教育发展研究》，1999 年第 3 期。

高等学校组织变革和制度创新的重要内容，就是正确处理学校、科研院所和学科发展的关系，更好发挥院所科室的主体作用，发挥多学科协同科技创新功能。上海工程技术大学在40多年的办学历程中，始终坚持依托产业行业办学、服务地区经济的办学思想，形成了产学研紧密结合，致力于培养具有创新精神和实践能力的高素质、应用人才的办学特色。

其一，以行业为依托、以工程为主线。行业有行业的特点，学校有学校的优势。行业的特点在于技术性和职业特性，行业集团拥有大量的技术性人才，具有完备和先进的设备设施，以及数量巨大的、针对性很强的职业岗位。行业集团对学校的需求，首先是合格的毕业生，其次是高校教师强大的科研力量。行业需要学校培养职业针对性比较强并掌握一定职业技能的"未来工程师、未来技师"。而学校的优势在于学科和人才。随着学校规模的扩大，地方工科院校不仅拥有同行业关系密切的主干学科，还有和主干学科相联系的众多相关学科和交叉学科。这些学科知识和相关人才对行业的发展形成强大的支撑。由于校企双方在人才培养和经济发展方面利益一致，优势互补，再加上学校主动出击，就产生校企合作，以工程教育为主体的行业学院。工程教育是地方工科院校教学的主线。上海工程技术大学设置的行业学院，大多以工程项目为载体来命名，如"汽车工程学院""服装工程学院""航空运输学院""城市轨道交通学院"等。行业学院的构建，在组织结构上把具有丰富实践经验的行业同拥有多学科综合优势的高校科研院所结合起来，形成以学科为纵轴，以行业为横标的矩阵结构，为工程教育的实践性和复合性奠定了基础，为培养创新型工程人才准备了条件。

其二，一学科为主、多学科协同。行业学院在学科布局上，首先考虑的是满足产业经济对人才的需要。因此，行业学院一般实行"一学科为主、多学科协同"的综合布局。比如，"汽车工程学院"以交通运输工程为主干学科，综合了电气工程（汽车电器）、工商管理（汽车行销）等辅助学科；"航空运输学院"以交通运输工程学科为主，综合了工商管理（航空经营管理）、飞行技术、航空机务、航空商务、航空乘务、国际货运等学科和专业；"轨道交通工程学院"以"车辆工程"为主干学科，综合了电子信息工程（城市轨道交通通信信号）、交通运输（城市轨道交通运营管理）等学科。"一学科为主"有利于行业学院主干学科的发展和成长，有利于高校仪器装备的优化配置，同时也不至于在一个高校科研院所内集中太多的学科、教师和设备。"多学科协同"是指行业学院保留若干相邻学科的骨干教师和装备，同时借助高校其他院所科室的师资力量和设备，以及企业提供的装备和实习条件，使教学和科研能够顺利进行。多学科综合配置保证了工程教育的复合性和完整性，有利于行业学院同产业集团在学科和专业上的对接。行业学院也会组建一批学科交叉的研究中心，既保证了行业学院能够独立承担和工程有关的研究课题，同时也有利于各学科之间的交流，有利于新学科和边缘学科的产生。

其三，校企合作、深度协同。航空运输学院是上海工程技术大学与上海航空公司本着"密切协作，实事求是，互惠互利"的原则，经过多次协商，合作建立起来的。该行业学院设立院务委员会，实行双主任制。由学校校长和上航董事长分别担任校方和公司方主任委员，校企各主要职能部门领导担任院务委员会委员。此外，为主动适应上海和全国城市轨道交通发展的需要，加快城市轨道交通专业人才的培养，上海工程技术大学和上海地铁运营有限公司联合创办了城市轨道交通学院以发挥各自优势。根据城市轨道交通学院管理章程，学院的最高决策机构是学院理事会，理事会由校企双方最高层领导分别担任校方和公司方理事长，企业主要职能部门领导和学院领导担任学院理事会理事。院务委员会或院务理事会，是学院在合作办学和管理等方面的决策、咨询和协调机构。其宗旨是：充分发挥学校和企业的优势，发扬艰苦创业的精神，经过双方的努力，使学院成长为长期的、稳定的、设施比较完备的汽车、民航和轨道交通等方面的专业人才培训基地。院务委员会（理事会）每年举行一次例会，对学院的办学方向、发展规划、教学计划、专业设置、管理制度、招生工作、培养模式、就业制度等重大事项进行研究和提出建议。①

其四，构建学校企业、打造双师团队。行业学院的教师队伍仍以学校教师为主，在涉及专业要求比较高的专业课程时，一部分课程会邀请行业专家做兼职教师，由学院专职教师加上行业兼职教师组成的教师团队是一支新颖的"双师型"教师队伍。这支"双师型"教师队伍集体讨论，共同备课，在专业课程教学中带来了行业最新的技术要求和技术规范，带来了工程上的最新成果和创造发明，补充了许多书本上学不到的知识。比如，上海工程技术大学城市轨道交通学院就构建了这样一支以本院专任教师、校内学科平台教师、地铁公司技术骨干和行业内具有较高学术造诣的兼职教授组成的师

---

① 史健勇：《基于东方管理理论的应用型大学竞争力研究》，复旦大学博士论文，2012年。

资队伍。地铁运行公司三名技术和管理专家分别担任学院副院长、实习实训部主任和继续教育部主任的职务。在双方领导的安排下，城市轨道交通学院建立了教师到地铁运营公司及下属企业挂职锻炼的制度，并参加公司课题的研究，在实践中不断提高教师理论联系实践的能力，更新学科知识，提高科研和教学水平。

二、多学科协同的行业学院人才培养模式

行业学院由于在办学体制和运行机制上同上海先进制造业和现代服务业紧密结合，在学科和专业设置上实现了学科链、专业链对接产业链，因此，在学生就业机制方面也具有相对优势。根据近年来的统计，航空运输学院、城市轨道交通学院各专业毕业生供不应求，就业率每年保持100%；汽车工程学院、服装学院的学生就业率也在同类行业学院中位居前列。行业学院和企业的长期合作，形成了实际上的产学研战略联盟，给学校和企业都带来了巨大的效益。服装学院、汽车工程学院、航空运输学院和城市轨道交通学院4个行业学院是学校近几年发展最快，科研成果最多，也是最受学生欢迎的学院，这充分显示出行业学院强大的生命力。

多学科协同的行业学院管理模式在人才培养方面发挥了极大优势。当今世界科技的发展导致新的科学发现、新的技术突破以及重大集成创新不断涌现，科技成果产业化速度越来越快。特别是随着以知识信息爆炸为标志的知识经济时代的到来，学科的发展突出地表现出高度分化和高度综合两大趋势。

从人类的认识发展来看，初期关于自然界的知识是一个囫囵含

糊的"整体"，随着人类对自然认识的演进，通过对自然界知识的不断探求，并对"囫囵整体"进行逐块逐层的分解研究，整体知识不断分化。这种分化上升到理论系统的层面，就是学科不断分化，新学科不断出现。学科的分化无疑大大促进了学科的发展，但学科分化同时也造成了知识体系的解构，不同学科之间由于缺少交流，形成了互相分离的局面。到了 20 世纪，各种边缘学科，交叉学科不断涌现，已经形成了错综复杂的局面。当人们认识到学科分化带来的负面影响时，理论形态的学科又出现了综合的趋势。学科综合，是学科分化的反向发展。这种趋势之所以出现，可以从两方面来看：

一方面，不同学科的研究对象虽然有其质的区别，其学科本身虽然也有相对独立性，但是由于它们本来就是从一个整体中分化出来的，所以它们之间绝不是孤立绝缘的，而是存在有机的相互依存性。许多学科之间已经没有截然分明的界限，自然科学、技术科学、社会科学、人文科学内部各分支领域及其相互之间的依赖程度越来越大，解决经济社会发展中遇到的人口、环境、生态、能源、空间等重大问题，有赖于各种专业和社会力量的协同努力，这是学科综合的客观基础和前提条件。

另一方面，众多学科在内容上和方法上相互影响、相互渗透，新知识的生长点往往出现在学科的边缘和学科之间的交叉处。特别是现代工程和现代技术的发展，往往一项现代工程或一项现代技术需融合多个学科的力量才能完成。因此，在现实生活中，人们为了完成某一项工程或研究某一项技术，需要成立专门的多学科的团队，在共同完成任务的同时，也催生了新的综合学科的诞生。

学科的分化和综合映射到教育体制上形成了两大教育体系，英美教育体系和德国教育体系，后者又称欧洲大陆体系。英美教育体系实行的是科学教育为主体的教育体系，强调的是学生的自主选择、自由发展，走学科发展的道路。德国体系重视实践，强调工种，走的是工程教育、学科综合的道路。我国从 20 世纪 80 年代开始实行英美教育体系，教育体制是按照科学教育来构建的，在小学、中学阶段均重视数理化，基本上不接触工程或技术基础。大学体制中的建制则按照学科来划分学院、系、教研室。这种体系构架对学科发展和科学教育比较有利，但对以工程教育为主的工科学校就很不利。随着学科的细分，学科与学科之间的区别不断加大，各个学科之间的联系越来越薄弱，这给需要综合知识为基础的工程教育带来困惑。工程的综合性决定了工程教育需要多种学科的共同努力，这种努力也需要在教育制度上予以强有力的支持。

首先，要按工程教育的知识结构将多学科的知识融合起来，组织教学和科学研究。一般而言，工程是一个复杂系统，工程知识是围绕着一线生产的实际需要组织起来的，工程教育不是依据学科设计的。工程教育特别强调基础、成熟和实用的知识。因此，必须将工程教育体系纳入经济社会发展需要中，紧密联系工程建设的实际，以市场需求和行业需要为导向，与企业、行业人士共同进行知识体系和教学体系的设计。

其次，要建立课程认证制度。在课程设置的选择上，通过校企双方组成的课程认证委员会，从教育规律、学生知识结构和与生产实际的结合度上，对课程内容的设置进行选择。根据社会生产过程所需要的实际知识，构建同行业或企业的用人标准相吻合的人才培养规格。按照实用有效的思路，明确教学过程各环节的目标和要求，丰富和发展课程内涵。在课程设置和知识传授上，应尽可能联系实际，大力削减书本中陈旧、过时的知识，从企业现在和将来发展的实际需要出发，在保证基础理论课教学质量的基础上，增加与企业技术、经营发展密切相关的课程。同时，以少学时、多课程的形式，开设一些介绍学科最新成果，以及边缘学科、交叉学科知识的课程，以开拓学生的思路。

高等学校教育的知识结构是为人才培养目标服务的。地方本科院校培养的人才是能熟练掌握社会生产或社会活动一线基础知识和基本技能、主要从事一线生产的应用型人才，这和科学教育体系的教育思想有很大的差别。从社会对人才的需求来看，第二类技术实施型工程师和第三类工程管理型工程师占总需求的绝大多数。这也正是地方本科大学人才培养工作的主要任务。这种类型的工程师对知识结构的要求，反映在学科体系上就是工程教育体系。工程教育知识体系可以概括为"宽基础、会应用、重特色、强能力"。

所谓"宽基础、会应用"，就是指地方工科院校培养的工程应用型人才，其基础知识面必须宽广，在学习数理化、外语和计算机知识以外，还需要懂一点人文、经济和管理知识。但工程教育和科学教育知识结构不同的是，科学教育在实施基础教学时，比工程教育更注重教育的理论性、系统性和学术性，而工程教育知识的重点是注重如何将科学知识转化为生产力。两者目标不同，导致教学内容也不同。工程教育注重把成熟的知识、规律和定理，应用到社会和生产实际中去。也就是说，工程教育会倾注更多的精力在知识的实际应用上，"会应用"是工程教育的主要目的，而其对知识的系统性和完整性要求不高。

由于我国长期来主要实行的是科学教育体系，在课程设置和教材建设方面基本上是按照科学教育体系来编制的。对于地方工科本科院校来说，打破原有的科学教育体系，在课程设置和教材建设上进行工程教育知识的改造，是一项长期而艰苦的工作，需要有政策上和制度上的有力支持和保障。所谓"重特色、强能力"，就是指在工程教育的专业阶段，必须坚持依托地区产业、主动服务产业经济的办学宗旨，办出自己的学科特色和专业特色。对于地方性院校，办学特色更应体现在学生的工程能力上。这些工程能力的构成包含了判断能力、实践能力、创业能力、交流能力、学习能力等。

能力培养是工程教育人才培养的关键。需要指出的是，工程教育中的能力构成是相对于研究型人才培养的能力构成而确定的。例如，工程教育中的创新能力并不仅仅对应科学教育中的原创能力，它主要是指运用知识进行技术创新和技术二次开发的能力。这种创新能力在工程设计和工程建设中占据主要地位。能力不能像知识那样靠教学来传授，而要依靠长期积累来养成。地方本科院校在培养学生的工程能力时，要注意把能力养成贯穿于教学的全过程，平时加强实践和锻炼，帮助学生养成良好的职业习惯，培养学生的工程能力。工程教育对于一个学科或一个专业，其特色要体现在培养目标和培养计划上，即：要能够反映区域经济的特色和地方社会经济发展的要求；要以提高能力为核心，将构建工程教育能力体系作为地方本科院校培养人才的出发点；为了适应地方科技发展和社会经济发展的需求，要建立不断修订教学计划的机制，将学科专业的教学基本要求与社会经济的需求紧密结合起来；在教学内容和课程体系上，要具有地方技术、职业教育的特点，体现人才培养的多样化和地方经济发展的趋势；要运用现代教育技术，充分满足学生的个性化学习需求；要注重复合型人才的培养等。

上海工程技术大学各行业学院贯彻工程教育思想，非常重视实践教学环节。工程是一种特定的社会实践活动，工程师是从事这种造福人类的实践活动的主体，因此，以培养这种工程人才为目的的工程教育，在本质上就必须具有实践性。要大幅提高实践性教学活动在整个培养计划中所占的比重，学生的毕业设计或论文就要与社会经济发展紧密联系，要使学生的毕业设计或论文的题材来源于社会生产实际课题，从而真正做到理论联系实际。

实践教学可分为校内实践教学、校外实践教学、创新实践教学。校内实践教学是实践教学的主体，校内实践教学体现了工程实践教学的系统性和完整性。校内实践是紧密结合专业课程体系而安排的，具有同专业理论课程互为补充、相辅相成的效果。在工程教育中，要提高校内实践教学的质量，加强设计性、综合性实验，减少验证性实验。课程设计要注重学生综合能力培养，注重学生运用理论知识分析问题、解决问题的能力培养，注重学生设计能力和研究能力的培养。

校外实践教学是工程实践教学的重要组成部分。在校外真实生产环境中的实践可以使学生学到许多书本上学不到的知识，如职业道德和敬业精神、团队合作精神、质量意识、成本意识、环保意识等，这些知识和经验有助于学生更快地成长。

创新实践教育是帮助学生个性发展的一种教育形式。上海工程技术大学各行业学院在学生创新实践教育中，创造了多种效果显著的实践教学模式。其中，产学合作教育的育人模式成为学校的办学特色之一。这里要特别指出的是，工程教育是一种普遍适用于地方本科教育的思想理念，不仅仅是适用于工科专业，同样也适用于经济、管理、文科和艺术等学科和专业。对于地方本科院校的人文、经济、管理类学科和专业，同样需要将学科和专业建设同地方产业经济相结合，同样需要从社会大环境中去寻找学科、专业和区域经济的结合点，找出适合地方经济需求的人才培养模式。

三、多学科协同的行业学院师资培育机制

上海工程技术大学各行业学院在开展社会保障学科、工商管理学科、艺术设计学科、服装设计学科等学科和专业人才培养的过程中，从上海市各级政府以及产业经济中吸收了大量一线课题资源，使教师的学术水平得到大幅提高，使学生得到充分锻炼。这种多学科协同的培育和管理方式，有效提升了教师的创新能力。

我们通常所称的"双师型"师资队伍，就是指掌握基本的行业知识和基本职业能力素养，拥有扎实的专业知识水平和专业应用能力，能够通过应用项目的研究和应用技术的创新等活动来培养学生的技术创新意识和能力的教师人才。这些教师人才洞悉行业和职业的发展变化，了解行业发展的趋势，进而开展专业分析；他们具备一定的企业和行业管理能力，懂得企业行业管理规律，具备指导学生参与企业和行业管理的能力，具备良好的创新精神、创新意识，能够组织学生开展创新性活动。

学科带头人和学术骨干是这些教师人才中的佼佼者。多学科协同的培育和管理方式能够提升学科带头人和学术骨干的工程能力和

领导力。改革开放以来，我国对传统的人事管理制度进行了多次改革，改革的重点是改变计划体制下进人根据指标、配额进行计划内分配的做法，重新强调通过市场的手段配置人力资源。但这些改革对于"具体进什么样的人""什么样的人才才是符合地方本科院校需求的人才"等问题考虑较少，尚未确定明确而合理的人力资源结构，也没有围绕学校定位和办学特色引进人才，从而造成人才引进工作同学校定位的严重脱节，这主要表现为：一是不管学校是否需要，盲目引进，其后果是浪费了地方高校本来就不充足的教学资源，造成部分人力资源的闲置与浪费；二是重资历、轻能力，重学术、轻道德，造成这种现象的原因之一，是地方高校缺乏对人才水平和潜力的评判机制和标准，仅仅以学历作为评判标准。①

除此以外，青年教师在整个学术梯队中也占有重要位置，他们是多学科协同的中坚力量。青年教师的培养直接关系到行业学院能否建立适合未来发展需要的教师队伍，关系到行业学院现有学科的存在和发展，关系到行业学院能否脱颖而出一大批高水平的学科带头人以迎接未来严峻的挑战。在青年教师的培养工作中，行业学院已经注意到没有项目、没有经费，青年教师的水平提高就是一句空话；只有在科研工作中，他们的积极性和创造性才会被充分发挥出来，他们的水平才会得到充分提高。为此，在实际工作中，必须抓项目，抓载体，以此来促进青年教师的成长。中青年骨干教师特别是青年骨干教师，一般都没有承接工程项目特别是工程大项目的经历；为了加快中青年骨干教师成长的步伐，必须落实指导教师制度，

---

① 关立新、韦滨：《探索地方高校人事激励机制改革新途径》，《经济研究导刊》，2008年第3期。

为每位中青年骨干教师配备指导教师。指导教师必须是有一定影响力的、本学科的学术带头人，由其来具体负责中青年骨干教师的学习和工作，帮助他们确定研究方向，指导他们的科研工作。

当然，行业学院也要为"双师型"教师培养提供必要平台。新生力量是高校教学和科研骨干的生力军。随着高校规模的扩大和教师队伍的新老更新，高校行业学院每年都要引进许多青年教师。过去的教师培训工作主要是教师的学历培训，旨在使新教师能够尽快达到高校所需的学历结构。要看到的是，有些青年教师学习培训后，获得了较高的学历、学位，但只是提高了个人的工资福利待遇，并没有给行业学院做出与此相匹配的贡献。这不仅是对学院管理成本的浪费，也影响了其他教师的积极性，不利于激励教师的工作积极性和创造性。为此，行业学院在教师培训工作中，必须强调推进工作重点和运行机制上的两个转变：一是工作重点要从基础性培训和学历补偿，向注重实践性和应用性的专业培训、更新知识和增强技能的继续教育培训转变；二是运行机制要从完全依靠学院资助，向运用市场规律和经济手段、学院和个人相结合的资金运作方式转变，变"要我学"为"我要学"，不断提高培训质量。

还要注意的是，培训工作要达到预期的效果，就必须对已参加培训的教师进行必要的跟踪考核。参加培训的教师绝大部分是刚走出校门的高学历研究生。学历高、基础扎实是他们的特点，但缺少经历特别是缺少工程实践的经历则是他们共同的弱点。行业学院针对新进年轻教师的特点，更应重视在职岗位培训工作，应每年安排部分新进教师和中青年骨干教师到企业和地区机关挂职锻炼，挂职锻炼期限可以是 3 个月至半年。青年教师通过参与企业和地区机关的挂职锻炼，能够进一步了解产业经济和地区经济的发展脉搏，在社会真实环境中受到磨炼，同时也巩固和加强了行业学院同企业间的产学研合作关系。

四、多学科协同的行业学院科研管理制度

多学科协同科技创新攻关必然需要面向地方经济主战场。高等学校和科研院所的综合实力主要体现在科研和学科发展方面，因此，一种先进的科研体制对提升高等学校和科研院所的核心竞争力起着至关重要的作用。先进科研体制的建立取决于对旧的科研体制的突破和改革。从这个意义上来说，科研体制的改革是各高校和科研院所迎接时代挑战、抓住时代机遇的一个必然选择。

对于地方高等学校来说，科研力量比较薄弱，科研设备相对不够先进，科研经费相对缺少。如何把自身有限的设备和经费管理好，使之产生最大的效益，这是地方高校科研管理制度亟须面对的最主要问题。地方高校科研管理制度的基本宗旨在于最大限度提高科研效率，提高科研设备、成果数据的共享程度和利用率，调动科研人员的积极性，高质量完成人才培养目标和服务社会经济发展战略目标。地方高等学校在学科发展方面、在专业设置方面、在地域上和文化上，和地方经济、产业经济有着天然的联系。地区经济建设和文化建设为地方高校科研工作发展创造了机遇，地方高校丰厚的知识资本则为地区经济建设和产业经济发展提供了条件。因此，一旦确定面向地方经济主战场的科研发展战略后，地方高等学校的科研体系、科研制度建设就要围绕这个战略目标进行，具体可分为以下

几个方面：

其一，组建适合面向地方经济主战场的科研机构。高等学校的科研机构一般由科研所、研究中心、实验室、课题组等组成。由于地方本科院校大都是教学型学校或教学研究型学校，学校的组成又以教师为主；在研究所、研究中心中，研究人员大多是兼职的教师，只有少量的工作人员。研究所和研究中心承担的科研任务，一般以国家纵向研究项目和地方横向研究项目为主。由于地方院校的研究所或研究中心在人员、设备和资金上的弱势，在承接科研项目时也会遭遇许多困难，这是地方本科院校科研工作发展不快的重要原因。面向地方经济主战场的战略确定后，给高校科研机构的改革创造了条件，如借助地方经济和产业经济的力量，上海工程技术大学和上海交运集团共同组建了"联合研究中心"，又和上海航空公司、上海城市轨道运营公司分别联合建设了模拟驾驶实验室等。通过和产业集团联合科研开发的方式，组建一批新型科研机构，逐渐走出了地方本科院校科研创新的路子。

其二，探索产学研一体化的科技体制，融入经济建设第一线。高校是科技资源最集中的地区之一，在科技成果及知识积累、人才储备、实验手段、信息来源等方面都具有较大优势，但高校的科研与市场的结合还不够紧密，科技成果转化效率还有待进一步提高。我国高校要借助外部力量，特别是地区经济和产业经济的力量，组建产学研一体化的科技体制，推进科研成果的产业化，使科学技术成为第一生产力。这也是地方高校科研体制改革的一个方向。美国斯坦福大学在办学实践中深刻体会到，产学研之间具有共生性或逻辑上的互动生成关系。"工程师造就硅谷，斯坦福造就工程师"这句话形象地说明了斯坦福产学研一体化的文化氛围和办学模式。高校产学研合作必须坚持新时代中国特色社会主义思想，遵循教育规律、科技发展规律和市场规律，以市场需求为导向，以科技体制改革为主线。通过和企业的产学研合作，高校科研院所可以进一步提升自主创新能力，创造更多的自主知识产权，推动科技成果的产业化，从而促进高校科研院所自身的学科建设和教学改革。

五、多学科协同的行业学院发展激励机制

一是科研激励机制。上海工程技术大学各行业学院关于多学科协同的科研激励制度的设计，以建立现代特色大学为目标，贯彻以人为本的思想，以目标责任和业绩挂钩为原则，形成了科学、合理、可操作的激励制度框架。这一激励机制可分为以下几个方面：

一是目标激励。目标理论认为：目标是引起行为的最直接的推动力。在设立目标时，一要与高校办学目标相互衔接，以高校办学目标为基础，为高校办学目标服务；二要切合实际，所设置的目标既要有一定的挑战性，又要让教职员工感到有实现的可能，把教职员工的努力程度调整到最佳水平；三要有合理性及稳定性，随着主客观条件的变化，对不合理的目标要及时进行必要的调整，但目标一旦确定，如没有大的问题，也不要轻易或频繁调整；四要有长短之分，以短期目标为基础，分段进行；根据高校的发展，一定时间后适度调整短期目标，如此与时俱进、不断进取，才能达到最佳激励目的。对达到目标的教师，应及时以某种方式给予评价，使之获

得心理上的满足和情绪上的体验，增强其成就感，并获得持久的高激励。①

二是管理激励机制。高等学校科研管理者对高校科研工作的发展有着重要的影响。科研管理者的专业化水平是高等学校和科研院所科研发展关键。从管理上要成果，能够加强管理者与各基层研究组织及优秀研究者之间的信息与需求沟通，及时了解最新的研究现状，在研究工作中形成有效的、合理的管理机制。科研工作是一种特殊形态的劳动，其成果往往需要研究者投入大量艰苦的劳动、倾注心智和体力方能获得，有些成果的获得甚至是研究者殚精竭虑、倾注毕生心血才能换取到的。管理者需要了解他们发展的愿望和遇到的种种困难，真诚地帮助他们解决问题，使研究者处处受到重视和得到尊重，使他们能心情舒畅、情绪高昂地投入科研工作，以此达到调动其工作积极性的目的。

三是竞争激励机制。在科学研究中，新的刺激与新的目标的结合才会产生动力，引发潜力。在竞争中突破，在创新中求生存，是科研管理中的首要任务。岗位竞争、人才竞争、奖励竞争等在现实生活中同人的利益密切相关。从某种程度上说，这些竞争能够左右人的思想和行动，体现人的工作能力，反映人的知识和才华。在高校科研项目中，从来就有纵向项目和横向项目之分。纵向项目通常带有研究性质，比较受高校和科研院所的重视，在经费配置上，高校和科研院所会实行一定比例的配套投入。横向项目大多是属于和地方经济或产业经济有关的技术创新或技术二次开发项目，高校和

---

① 韩小彬：《激励机制在高校科研管理中的构建》，《山西高等学校社会科学学报》，2008 年 5 月 25 日。

科研院所一般不做配套投资。随着地方经济的发展，横向项目在行业学院的科研项目和科研金额中占的比重越来越大，远远超过纵向项目。因此，行业学院必须像重视纵向项目一样重视横向项目，对于重大横向项目或有潜力的横向项目，也要予以资金配套，形成横向项目和纵向项目之间互相竞争、相映生辉的局面。

管理科学是一门应用性和综合性科学。管理科学有着特定的规律、技术和方法；同时，管理学科又是富有艺术性的科学，因为管理效率与管理者的素质密切相关。管理学科的综合性体现在：它既是自然科学、技术科学，又是社会科学；它是自然科学和社会科学的综合。① 高等学校和科研院所的科研管理，不仅属于管理科学的范畴，而且其管理的范围、内容和方式比一般意义的管理，更加具有专业性强、涉及面广、管理难度大等特点。这是由高等学校和科研院所的专业和学科设置的特点所决定，也同高等学校和科研院所服务社会的特性有关。高校和科研院所的科研管理人员，不仅要了解所在单位的学科基本知识，还要熟悉自己所服务的地方经济和产业经济的发展需求，了解政府政策和产业动向，从而进行有针对性的科研管理。

科研管理是一种连续的管理过程，计划、成果、推广转化之间存在内在联系，具有业务性和技术性强的特点。所谓"专业化"，就是科研管理人员应该用科研管理学的知识武装起来，具备专门的业务素养。科研管理是一门学问，也是一门专业。科研管理不仅要懂得科研工作的业务知识，还要了解科学技术的发展趋势。科研管理人员应当成为既了解科学技术发展又熟悉社会对科学技术需求的专

---

① 郑存库：《论专业化科研管理队伍建设》，《科技·人才·市场》，2003 年第 4 期。

家。科研管理工作中的科研活动规划与组织、科研绩效评价与计量、科研成果转化与保护，都需要综合运用项目管理、人力资源管理、科技计量学、知识产权学等学科知识。基于上述专业属性，高等学校和科研院所的科研管理就必须建立起一支稳定的专业管理队伍。

六、多学科协同的行业学院发展动力机制

首先是认识驱动。认识驱动是运行机制中最根本的驱动机制。只有参与多学科协同管理的各方认识一致时，制度才会成为各方自觉遵守的规范，而不是束缚各方的绳套。多学科协同的管理制度创新建设，涉及学院、教师、企业和学术界等四方利益。从学院来说，教学的主要功能是培养合格的工程技术人才，但光靠学院是很难培养出合格的工程师的。只有参与多学科协同管理的利益主体认识到它们的根本利益所在，才能成为推动制度创新性的重要动力。

其次是利益驱动。参与制度创新的各方必须维护自己的利益，这是制度能长期存在并得到各方严格遵守的基础。在参与制度创新的各方中，企业方对自己的利益最为关心。企业不愿意把装备投资到学院的实验室中，因为这样做会分散企业的资金投资效益。企业也不愿意让学生到企业进行实质性的操作，因为这也会影响企业设备的利用率和劳动生产效益。因此，在以往的院企合作中，往往有形式、有文件，却没有实质性的改变。因此，在认识上取得一致是十分必要的，这有助于双方坚定合作的决心。此外，学院还要做细致的工作，要配合企业进行教学制度上的改革。比如，在课程设置上，在遵循教学规律的基础上，结合企业对人才的知识需求进行结

构上的配置；在实习时间的安排上，尽可能把实习时间安排在企业最需要人力资源的时间。学院有教学资源和技术上的优势，这也是企业需要的。学院充分利用教学资源为企业进行学历和专业知识培训，可以提高企业管理人员和相关技术人员的知识。同时，学院和企业合作进行科学技术攻关和企业设备二次开发，既提高了行业学院的科研水平，也使企业受益，并生产了经济效益。

七、多学科协同的行业学院内部调节、约束机制

多学科协同的行业学院内部调节机制主要包括以下两个方面：

一个是管理调节机制。由于制度具有不确定性，在执行制度过程中，常常会出现制度落后于人们的实践活动。因此，我们需要在机制运行中加以调节和补充。这种调节活动中最重要的部分就是管理调节。无论是学院的管理者，还是企业的管理者，都必须十分重视这一问题。建立院企联合的院务委员会、制定院企双方定期的协商会议制度，是从顶层设计层面解决问题的好方法。此外，双方领导还要加强个人联系，开展节日互访，使管理调节成为常态，这有利于问题的即时解决。组织院企双方成立管理协调组织，定期对制度进行审核，定期修订是从体制上保证了管理调节能取得实效，也是被院企双方经常采用的有效措施。

另一个就是自我调节机制。自我调节包涵两层意思：第一层意思是指在制度创新的同时，涵盖制度的管理修订措施，这体现了制度的自我调节作用。第二层意思是指参与制度制订的各方要加强自我调节，一旦发生矛盾，出现问题先从自己查起，找到问题先从自

已做起，以自己的行动来维护制度。参与制度建设的双方要加强彼此之间的交流，从共同的良好愿望出发，使这种自我调节机制发挥出最大的效用。

多学科协同的行业学院内部约束机制主要包括以下两个方面：

一个是政策约束机制。多学科协同的科研管理制度是一个新生事物，需要各方面加以维护，其中政策支持是最重要的。宏观层面的政策有教育主管部门出台的各项政策。尽管教育部已经提出分类指导的意见，但分类指导要真正落到实处还有待时日。目前国家的各项教育政策，基本上都是按照传统高校发展规律制定的；从教学评估到重点学科发展，从职称评定到重点实验室，国家的分类指导措施还没有到位。政策约束使行业院所在制度建设上不时要受到影响，难以放开手脚。另外，政策约束也有微观层面的，如学院和企业的各项规章制度就是其中重要的一部分。目前高校和科研院所的传统政策还占据主要地位。对于同学校合作、进行高效管理制度建设，企业目前也没有相应的政策。这些都会给院企合作造成政策上的约束，是行业学院在多学科协同建设过程中必须面临和解决的难题。

另一个是自我约束机制。自我约束是约束机制的主要内容。高等学校推动制度创新和运行机制改革的方向和目标，就是通过制度创新以及其他配套改革，建立起面向社会自主办学的新型管理体制，以及能主动适应经济建设和社会发展需要的自我发展、自我约束的运行机制，使高校真正成为面向社会依法自主办学的实体。自我发展、自我约束的运行机制应当如何实现？上海工程技术大学在长期办学实践中，主动提出"四个主动纳入"的改革理念，在深刻认识高等教育发展、人才培养和社会主义市场经济三大规律的基础上，把学校及其行业学院发展主动纳入国家和地区经济社会发展的总战略和大格局之中，主动纳入全球经济发展趋势、高新技术发展潮流、学科建设发展规律之中；主动纳入满足人民群众日益增长的对优质教育资源的迫切需求之中，主动纳入社会主义市场经济竞争之中。

根据"四个主动纳入"的改革理念，上海工程技术大学各行业学院以社会需求为导向，遵循现代科学技术发展规律，对专业设置、专业调整、学科建设和发展、教学内容及方法等进行了全面调整和改革；同时，又根据自我约束机制，努力处理好规模与效益、规模扩张与提高质量、当前目标与长远目标、社会需要与学科建设等一系列内部关系，使各行业学院在外延和内涵方面都得到了协调发展。

第七章

科研院所多学科协同科技创新攻关的
矩阵式管理模式

　　"矩阵式管理"也称为"系统式管理"或"多维式管理"，是相对于传统的、按照一维式管理而言的管理模式。"矩阵"是借用数学上的概念。矩阵式管理是将管理部门划分为两类：一类是按照单一功能划分的管理职能部门；一类是按照特定任务而设立的多个职能部门联合组成的管理机构，一般而言，特定任务完成后，该机构将被解散，人员返回原来的管理职能部门。

第一节　矩阵式管理模式在多学科协同科技创新
攻关中的强适用性

　　依据某一特定任务，由多部门联合组成一个横向组织系统，这个组织系统与原来的依据职能建立的组织系统，构成一个纵向和横向矩阵，我们一般称之为"矩阵管理"。在矩阵管理的组织中员工实行双线汇报的模式，其管理层级有两个：一个是职能流程层级，另一个是任务专业层级。

矩阵式管理最早被应用于企业管理中，之后逐步拓展到其他领域。矩阵式管理结构的优势，在于它能使人力、设备等资源在不同部门之间灵活分配，使得组织能够适应不断变化的外界要求。在矩阵式组织中，组织成员包括高层领导者、矩阵主管和员工，组织成员的角色定位直接影响管理效率。其中，高层领导者的职责定位最为关键，其必须维持成员之间的权力平衡，必须能够实施决策委托、鼓励员工，而且愿意和员工共同解决问题，这样才能有助于管理协调。矩阵式管理有效性取决于两个方面：

第一，管理领导者有效控制下属员工。由于下属接受两个主管同时领导，不自觉的员工会利用这个机会钻空子。因此，职能主管和项目主管必须保持有效沟通。职能主管主要解决下属的技术水平问题，而项目主管则具体管理下属在这个项目上的行为工作结果和绩效。但这些活动需要大量的时间、沟通、耐心，以及和别人共同工作的技巧，这些都是矩阵式管理必不可少的一部分。

第二，矩阵式管理中员工接受双重领导，会产生双倍的焦虑与压力。由于员工的两个主管的下达任务往往会发生冲突，这时接受双重主管的员工必须能够面对双重的指令，形成一个综合决策来确定如何分配自身时间。因此，员工们同两个上级主管保持良好关系，将影响矩阵管理的效率。

除此以外，矩阵组织管理模式在管理上所面临的困难，主要体现在：基于矩阵组织结构建立的机构，要求由这两类部门人员组成的工作团队能够在各个矩阵的焦点上密切配合，形成一种良好的内部客户关系。① 因此，实现最终目标任务的质量好坏，取决于在这种矩阵组织结构下形成的机构内部客户关系的团结程度；一旦部门之间的沟通和协调出现问题或发生断裂，就会严重影响机构的决策，导致无法实现既定的目标任务。

随着多学科协同发展，高校和科研院所内部涌现了许多针对科研问题而组建的学术组织，这些学术组织从人员和组织结构都与传统学术组织不同，增加了科研组织的管理难度。因此，既要提高学科组织管理效率，又要兼顾学科导向与问题导向的统一，就要改革传统的直线职能制的学科组织结构，构建全新的学科组织结构。

矩阵式管理在企业项目管理领域已取得成效，但是矩阵式管理模式是否适用于高等学校和科研院所的多学科协同科技创新攻关，尚有待理论研究与实践探索。这涉及高校和科研院所的基本特性、多学科协同科技创新攻关的特殊规律、矩阵式管理的优势与缺陷等。笔者通过对高校和科研院所多学科研究组织结构进行全面分析，对各种组织结构的设置条件、优缺点进行多维比较，旨在概括高校和科研院所在科技创新过程中的重点难点和保障条件，揭示矩阵式管理的适用范围与适用条件。一般而言，实行矩阵式管理需要具备以下三个条件：

第一，管理机构存在共享稀缺资源的压力。通常情况下，实行矩阵式管理组织机构一般是中等规模，便于在不同项目中灵活地使用人员和设备。为了提高专业人员工作和设备使用效率，以兼职项目服务的形式指派专业人员特定任务。

第二，管理机构外部环境对两种或更多的重要产品存在要求。

---

① 刘云英：《矩阵式管理模式探析》，《现代商贸工业》，2008 年第 12 期。

这种双重压力意味着在管理机构的职能和特定任务之间需要一种权力的平衡。为了保持这种平衡，就需要一种双重职权的结构。

第三，管理机构所处的环境条件是复杂和不确定的。频繁的外部变化和部门之间的高度依存，要求无论在纵向还是横向方面，要有大量的协调与信息处理。

高等学校和科研院所多学科协同科技创新攻关，必须要满足了上述三个条件，才能发挥矩阵式管理效率。首先，高等学校和科研院所要完成科技创新任务，必然存在人力、物力和财力资源相对缺乏的状况。资源共享对高等学校和科研院所多学科协同科技创新攻关而言尤为重要。例如，高等学校和科研院所需要完成一项复杂的科技创新攻关，单一学科知识和技术难以满足需求。当多学科协同开展研究时，必然与现有对的科层制管理体制发生冲突。要使得资源在不同院所科室、不同学科之间有效共享，矩阵式管理模式是较为有效的管理方式。其次，高等学校和科研院所要承担区域经济发展中的应用性研究任务。科技创新攻关的科研任务往往不是单一的，而是复杂变化的。这就对科技创新攻关课题组成员提出了不同要求，需要课题组重组人员和资源以应对变化的任务。矩阵式管理模式能够较好地适应外部任务变化，在现有高等学校和科研院所专业和学科体制框架下，依据不同任务重新组合科技创新攻关课题组。再次，高等学校和科研院所要承担的科技创新攻关任务，一般不是基础性研究课题，更多的是应用性技术难题。面对外部条件的不确定性、具体任务的变动性，矩阵式管理模式能够更加有效地予以应对。

基于上述分析，笔者认为高等学校和科研院所应当建立基于矩阵结构的多学科协同的学科组织结构。多学科的矩阵式组织结构是一种既有纵向职能部门联系，又有横向跨各职能部门联系的组织结构。在多学科的矩阵式组织管理中，要将"垂直"联系和"水平"联系组合起来，将管理权力集中和分化结合起来，将管理分工和管理协作结合起来，从而形成一个专项组织结构叠加在职能型结构上的、复合型的管理模式。这种矩阵式管理模式可以适应新时代高等学校和科研院所科技创新与学术创新的需要。

从矩阵结构的组织功能来看，它具有以下鲜明的特征：

第一，矩阵式管理是以任务、工作为中心，以解决问题为目标。这就要求组建复合型专业团队。运作方式要求各部门的联系和协作，打破条块分割。矩阵式学科组织结构，专业技术人员有明确的任务分工，项目负责人对研究课题全面负责。与传统单一学科的科研组织结构相比，科研工作的效率要高得多。

第二，矩阵结构科研组织信息交流以横向为主、纵向为辅。科研项目和问题是科研组织的核心目标。矩阵结构科研组织结构，既有利于开展创造性活动，适合组织创新战略的实施，也有利于加强学术交流，开拓科研人员的知识面。通过项目组的形式，科研人员还可以与不同学科领域的研究人员进行交流，从而激发出意想不到的创新灵感。

第三，矩阵式科研管理机构将会加大高等学校和科研院所的科研压力，这种科研压力主要来自两个方面：一是提高信息处理能力方面的压力，二是分享资源方面的压力。不过，压力也可转化为动力，矩阵式科研管理机构有助于加强各院所科室之间的协作配合。通过把院所科室的不同学科的科研人员组织起来，有力推动了院所科室之间的协作，使其承担起共同的任务和目标。

第四，矩阵式组织结构有利于科学发展和知识创新。美国著名应用数学家、"控制论"创始人诺伯特·维纳（Norbert Wiener）说"科学研究的突破点在学科之间的无人区"。[①] 在以往的学科组织结构中，因为学科之间壁垒分明，很多问题因为隶属不同的学科领域而得不到解决，不利于知识的创新和科学的发展。矩阵组织结构为跨学科的教学科研创造了条件，从而使"无人区"变为各个学科均可涉足的共同领域。[②]

第五，矩阵式组织结构富有灵活性，能够根据科研任务调整组织形式，具有较强的适应性。矩阵式结构根据完成某一特定任务的要求，把具有各种专长的人员集中起来，集思广益、各展其能，多部门横向协调，有利于该项目任务的顺利完成。矩阵式组织结构能够提高中层和基层管理的灵活性、工作效率和组织适应性，避免了以往直线职能制学科组织结构的层层传导、效率低下的弊端。

第六，矩阵式组织结构有利于高效配置资源，充分整合资料，发挥资源效用。著名经济学家赫伯特·西蒙（Herbert A. Simon）指出"有效地开发社会资源的第一个条件是有效的组织结构"。[③] 通过课题组的形式使各个学科的资源能够共享，从而节约了学科建设资金；同时，各个学科领域的专家在一起合作，也大大缩短了完成科研项目所需要的时间。

第七，矩阵组织结构能够兼顾学科导向和问题导向，根据项目

[①]　孙新兵：《矩阵式管理在高校科研管理中的应用》，《闽江学院学报》，2017 年第 4 期。

[②]　邹晓东：《研究型大学学科组织创新研究》，浙江大学博士论文，2003 年。

[③]　王景胜：《矩阵组织结构在继续教育项目管理中的应用》，《新西部》，2013 年第 1 期。

和问题的需要集合不同学科领域的专家学者在最短时间内完成任务。同时，这种结构还具有灵活多变的优势，能够最大限度地使各个跨学科的科研组织与职能部门协调发展，与直线职能制结构相比，更加符合高校和科研院所的跨学科发展要求。正如美国著名理论生物学家、"一般系统论"创始人贝塔朗菲（Ludwig Von Bertalanffy）所说，现代科学发展的明显特征就是过去互相孤立的科学的各个领域之间越来越走向有限制的融合。①

第八，矩阵式组织结构有利于减少高校和科研院所存在的学术官僚主义现象，双重权威可以避免组织成员只顾维护本部门的利益，而忽视组织整体的目标。同时，由于矩阵结构内部都有两个层次的协调，这样就能够减轻上级科研主管人员的负担，有利于高层管理集中精力制定战略目标、决策和规划，以及对执行情况的监督，提高了科研管理的有效性。

综上所述，在当前跨学科组织形式不断涌现的情况下，笔者认为高校和科研院所选用矩阵式管理结构作为学科组织结构形式，具有一定的应用价值与现实意义。

第二节　科研院所多学科协同科技创新攻关矩阵式管理的组织结构

矩阵式管理中的组织结构可以扩展成多维结构，例如在横向的项目系统和纵向的学科系统的基础上增加第三维的项目功能系统

①　鲁兴启：《贝塔朗菲的跨学科思想初探》，《系统辩证学学报》，2002年第4期。

（包括顶层设计、原理设计、实验方案设计、实验装置设计、实验测试、样机制作等）。矩阵式组织结构也可以是嵌套的，例如在矩阵式行业学院中嵌套矩阵式攻关项目组，或者在矩阵式跨学科研究中心或研究院中嵌套矩阵式攻关项目组。矩阵式组织也可以是动态调整的。矩阵式组织不是一成不变的，可以根据项目的需要和科技创新攻关进程进行动态调整。当前，高校和科研院所应当创造性地构建这样一套"多维嵌套、动态调整"的矩阵式管理模式。

　　矩阵式组织结构的高等学校和科研院所多学科协同的学科组织结构，是将学科与问题交叉组织起来的一种组织形式。矩阵式组织结构兼顾学科导向与问题导向：纵向为学科导向，符合学科发展规律；横向为问题导向，按问题实行管理，以解决实际的经济、社会、科技或教育问题为目的。学科与课题组作为矩阵式学科组织结构的基本单元，其成员同时接受来自学科与项目两个方面的领导。他们既要同各院所科室的职能部门保持组织及业务上的联系，又要进行与该项目、课题有关的工作或部分工作。从行政隶属关系上来说，课题组人员直接受学科负责人的领导并在该学科所处的院所科室内承担教学、科研工作，在体制编制上也直接归属于该学科。学科组织的负责人对课题组成员在专业、学科上的成长与发展直接负责，同时，课题组成员也要完成项目负责人分配的任务。项目负责人负责整个项目、课题的进度和质量，需要对成员进行业务上的领导，并经常发出指示。[1]

　　高等学校和科研院所要充分发挥矩阵结构优势，使矩阵式学科

---

[1]　王键、王水平：《高校科研管理组织结构创新研究》，《科技管理研究》，2007年第11期。

组织结构真正在高校和科研院所多学科协同科技创新攻关方面发挥作用并提高其可操作性，需要实施以下几个方面的改革：

第一，要改革高等学和科研院所的教师和科研人员归院所科室或学科所有的管理格局。矩阵式管理结构在实施过程中的一个最大问题，就是来自多学科的课题组成员会面对接受所在院所科室领导以及项目负责人双重指挥的困惑。要解决这一问题，使科研人员能够在学校内部自由流动，关键就要打破传统的人员编制格局，高等学校和科研院所的教师或科研人员由课题组直接聘用。根据学科需要和学术能力，一个教师或科研人员可在校内多处受聘任职，学校或科研院所根据教师及科研人员在所聘岗位上的业绩成就等方面进行考核，确定其工资待遇和职位升迁。

第二，要适应矩阵式组织结构运作要求，改革矩阵式学科组织管理模式。矩阵式组织结构综合了职能制和项目制的运作方式，由此必须应对两个管理系统。这就可能导致矩阵式组织内部成员之间，项目负责人与学科负责人之间的协同困难。因此，确保矩阵式学科组织结构有效运行，就要实施管理模式的改革，实施与之相应的管理模式与评价体系，确保科研机构学科导向和问题导向平衡、权力和责任的平衡。

第三，要配备好矩阵式学科组织的负责人。学科领导与项目负责人的人选尤为重要。善于领导矩阵式学科组织的领导人，是矩阵式学科组织有效运作的前提。一般而言，项目负责人需要具备较强的组织和协调能力，具有较丰富的专业技术知识、创业精神。学科负责人则应具备较深的学术造诣。矩阵式学科组织机构的负责人应当做到分工清晰，职权明确。

第四，营造浓厚的矩阵式管理组织文化。矩阵式管理不只是一种管理模式，更是一种管理文化。协同是矩阵式学科组织有效运作的关键。只有将协同上升为组织文化，被矩阵式学科组织成员所普遍认同，才能使不同学科领域背景的科研人员实现有效知识交流和协同创新。交流和协同组织文化有助于拓展组织成员的学术视野，提升他们的协同能力。矩阵式学科组织作用发挥不是朝夕之功，要从组织上、思想上到领导方式方法上适应矩阵式学科组织结构，这需要一个过程。

第三节　科研院所多学科协同科技创新攻关矩阵式管理的运行机制

一、课题组及其运行机制

目前，高等学校和科研院所的课题组是矩阵式学科组织结构的基本形式，也是实践中科学研究和科研管理的基本组织。课题组围绕一个问题开展深入研究，并将不同学科的研究人员组织起来。不同学科背景的研究人员汇聚到同一个课题组，可以使课题组富有创新活力和鲜明特色。

一般而言，某一个研究课题具有单一学科性质时，其规模较小，研究人员可能来自同一学科。当研究课题具有复合性和综合性时，课题组规模一般较大，需要进行多学科交叉、综合研究，而矩阵式管理的课题组就是一个很好的组织形式。

矩阵式管理课题组的功能，在课题研究过程各个环节都能得到体现：在项目申报环节，课题组共同预研项目、收集材料、策划项目；在项目研究环节，课题组分解承担项目、加快研究进度、提高项目完成水平；在科研成果的社会化和产业化环节，课题组起着成果转化的推动作用。

矩阵式课题组的特点在于，课题组以项目和问题为导向，组织形式具有多样性，学科背景体现互补性，其成员不依附于原属的科研组织，而是依据项目研究需要进行选定。课题组以完成项目和解决实际问题为工作目标，但是在实际的科研活动中，由于聚焦实践问题，其所形成的知识将推动学科发展，科研成果也可以转化为教学内容或教学案例，提高高等学校教学质量。课题组成员承担的教学任务，也将因科研工作而获得丰富的案例资料。

课题组作为矩阵式学科组织的重要表现形式，打破了以往以学科和专业为相对独立研究单位的格局，构成了跨学科、跨专业、跨院所科室的矩阵结构。

矩阵式管理的课题组以不同方式实现的活动类型，主要有以下三种：

一是课题组的组织结构对来自不同学科背景和科研能力的课题组成员之间具有协调力。矩阵式课题组通过为所有成员提供共同分享的信念、态度和意图情境，形成课题独特的风格。在矩阵式课题组在发展过程中，特别是在承担一项具体任务时，会逐渐促使研究人员趋于协调一致。因此，矩阵式课题组在解决实际复杂问题时，必然会确立协作理念，促进学科间相互作用。从理论上说，用于维持自身存在的整合活动，是一个从偶然的内部条件形成特定边界条件的过程。

二是矩阵式课题组的研究活动以项目和问题为目标。矩阵式课题组的科研活动是要实现知识生产的特殊功能目标。科劳恩（Wolf-gang krohn）认为，科学作为一个自组织系统始于"创造活动"或"制造差别"，即把知识生产与其他活动区分开来。① 一般而言，复杂问题的解决进行得越深入，这个解决问题的组织就系统性就越强。课题组作为矩阵式学科组织结构的基本单元，是学科与问题交叉组织而成的学术组织。课题组成员的所有活动都是为了共同的目的，即解决共同问题、生产新的知识以满足现实需要。

三是矩阵式课题组运作需要具备一系列实现条件。矩阵式课题组要实现自我维持，课题组必须进行资源筹集活动，如申请研究项目、筹集科研资等，也就是说，矩阵式课题组必须要独立生存。当然，课题组成员在完成课题研究任务以外，还可以进行自己感兴趣的科学研究。实践证明，矩阵式课题组既能保持领导的统一性，又能保证科研工作的连续性，在跨学科研究、实践项目和解决科技问题中有着极大的优越性。矩阵式课题组组织管理形式不仅增加了在技术上高质量完成研究任务的可能性，提高了效率，同时，由于纵、横两个组织系统的管理都有明确的任务和责任标准，也使得课题组具有了高度的凝聚能力和控制能力。

如果明确了课题组作为现代学科组织结构的基本形式，则高校和科研院所的学科组织就需要与之相适应。课题组的表现形式可以

---

① 赵万里、李军纪：《知识生产和科学的自组织——科劳恩的科学建构模式研究》，《自然辩证法通讯》，1999 年第 1 期。

是多样化的，纵向可以发展为院所科室等，横向则可以发展为研究中心、研究所等，规模也可大可小。高校和科研院所可以在保持行政管理及人员结构相对稳定性的基础上，根据问题导向和学科导向，以课题组为基本单元，组织学科建设和科学研究，并有机组合成矩阵式学科组织结构。

矩阵式课题组作为一个相对独立的科研实体，依其承担的工作任务，组织结构必须聚焦科研目标。高等学校和科研院应当保证课题组完成科研任务，为课题组正常运作提供制度环境，促使矩阵式学科组织结构的协调发展。

矩阵式课题组管理规范包括以下内容：第一，矩阵式课题组的组成应当符合学科建设和发展总框架。课题组构成的原则是自愿原则，但课题组所在单位有义务检查课题研究进展和课题组工作情况，为课题研究提供必要的服务；第二，矩阵式课题组成员实行聘任制，由多学科人员组成，但并不改变研究人员的行政隶属关系；第三，矩阵式课题组成员应明确分工，并在课题组负责人的领导和协调下完成指定的研究工作；第四，矩阵式课题组负责人享有绝对权威，每个课题组的负责人实际管理和调配人、财、物等资源，而院所科室的管理一般只做促进、桥梁与调控等工作。

除此以外，矩阵式课题组内部实行任务目标公开、进度公开和经费公开的原则。矩阵式课题组原则上采取组长负责制。矩阵式课题组组长应选择学科骨干或具备较强的业务组织和协调能力、有创业创新精神、具备良好团结协作精神的高级科技人员担任。矩阵式课题组组长应能够把握本学科领域的科技发展动态，能够申请或争取到科研项目。一般而言，矩阵式课题组长可行使下列职权：一是负责承接科研项目，争取科研经费；二是分配科研任务，组织开展科研工作，保证课题研究顺利进行及任务完成；三是如较大项目由课题组长决定设立分子课题，指定子课题责任人；四是项目经费使用，负责科研项目经费使用绩效；五是聘用项目组科研人员和工作人员；六是负责课题组研究人员的工作任务考核，合理分配各种利益；七是培养青年科研人员和团队骨干。

当然，矩阵式课题组建设，不仅要选拔德才兼备、具有一定管理才能的课题组组长，还要在课题组成员的配备上下功夫。课题组成员可以来之同一学科，也可以来之不同学科；可以学术能力较强，也可以技术能力较强。随着跨学科研究与交叉科学的发展，高等学校和科研院所内部矩阵式课题组发展较快，不同学科和技术领域的专业人员组成矩阵式研究机构。因此，在选择矩阵式课题组成员时，要求做到以下几点：一是聚焦研究领域与科研任务，选择课题组成员；二是依据课题研究进程需求，动态配置所需要科研人员；三是不同学科和技术领域的研究人员组合，强化课题组成员协同。

矩阵式课题组突出特点是学科导向与问题导向有机融合，形成学科与项目或问题融合的矩阵结构。在这个矩阵结构中，课题组成员同时接受学科负责人与项目负责人的双重领导。因此，对矩阵式课题组成员的工作绩效评价，也应采用双重评价标准，即矩阵式课题组成员要由两个系统的上级分别考核其业绩。高等学校和科研院所要建立科研绩效奖励制度，这样既可以提高课题组成员的积极性，也有助于加快科研成果转化效率。

二、研究院（研究中心）及其运行机制

随着学科综合化，矩阵式课题组作为学科组织结构的基本形式，将会在高等学校和科研院所获得推广。于是，就需要在矩阵式课题组层级之上再设置更高一级的管理组织，对课题组进行管理、服务和协调。这种管理组织一般被称为研究院或研究中心。研究院或研究中心是矩阵式课题组的组合形式，它可以使矩阵式学科组织结构更加灵活和运行更加高效率。

我国高等学校和科研院所中的研究院或研究中心，是以知识创新为特色、以解决特定应用类问题为目标的创新学术机构。在高等学校和科研院所的领导下，研究院或研究中心承担具体研究任务和研究生培养的双重职能，对高校和科研院所的改革创新起到了示范效应。

研究院或研究中心的功能特征表现为：第一，多学科优势于一体；第二，学科组织的科研经验于一体；第三，研究活动与研究生培养于一体；第四，产学研合作于一体；第五，技术创新、组织和制度创新于一体。换言之，研究院或研究中心集聚了高等学校和科研院所的人才、技术、制度、任务、资金、设施等，在特定的科研平台上实现协同，极大提升了高校和科研院所科技创新能力和科技竞争力。

高校和科研院所下属的研究院或研究中心的运行原则，体现为综合性、流动性、开放性、示范性、包容性、管理性和服务性。研究院或研究中心治理结构一般采用理事会决策、监事会监督、院长

（主任）负责的治理体系。研究院院长或研究中心主任可从国内外公开招聘或由上级领导兼任，设置综合办公室或某些职能办公室，负责管理日常的行政、信息、统计和对外联络等项工作。研究院或研究中心的科研任务、研究生培养、物资供应、后勤保障等项工作接受上级单位的归口管理。研究院或研究中心的矩阵式课题组实行组长负责制，以项目研究任务目的；项目完成或中止，则该课题组解散。

高等学校和科研院所下属的研究院或研究中心应是常设的管理机构，享有必要的人员编制和单独的经费预算。研究院或研究中心应实行绩效管理运作方式，在给定编制范围内实行聘任制，并实行员工收入与工作绩效或经济效益相挂钩的分配制度。研究院或研究中心建立员工工资待遇、津贴、奖励等制度，以及知识产权归属、技术或知识入股与分配等制度。

高等学校和科研院所下属的研究院或研究中心，一般采取实体运作形式，但也可以采用虚实结合的运作形式。在互联网快速发展的背景下，虚拟研究机构也是研究院或研究中心重要形式。虚体运作的院外协作机构是研究院的必要补充，可以享受研究院的部分优惠政策，但是，研究院或研究中心工作任务和财产装备等归研究院统一调遣。根据科学研究的需要，研究院或研究中心建立与科研任务需求相应的课题组。高等学校和科研院所下属的研究院或研究中心要建立科研项目管理办法、科研人员业绩考核办法，以及内外合作制度等。

与我国高等学校和科研院所传统的院系科室等机构设置不同，高等学校和科研院所下属的研究院或研究中心相对独立于高等学校和科研院所内部其他的研究机构，是以科学问题为导向的跨学科研究与跨学科人才培养的学术机构。与此同时，研究院或研究中心淡化了行政色彩，能够营造生动活泼的学术环境。

综上所述，基于矩阵结构的高等学校和科研院所学术研究机构的设置，一定程度上突破了高等学校和科研院所传统的直线职能制学科组织结构，满足了科学创新发展的跨学科研究需要。学科纵向管理系统与项目（问题）横向管理系统交叉，学科导向与问题导向结合，这种矩阵式学科组织结构不仅有助于加强各个不同学科领域之间的交流与合作，而且有助于整合高等学校和科研院所的学科建设资源，促进学科进步与科技创新。

第八章

科技社团在科技创新治理体系中的
角色定位

目前，围绕科技社团参与国家科技创新治理体系建设的相关问题尚未得到深入研究。近年来，随着中共中央和国务院《关于深化体制机制改革、加快实施创新驱动发展战略的若干意见》和上海市《关于加快建设具有全球影响力的科技创新中心的意见》出台，理论界及实务界针对科技社团在我国科技创新治理体系中的新功能定位、新发展模式和实现途径等重大问题，亟待进一步调查与研判。根据国家与上海战略发展要求，必须充分发挥科技社团的特殊优势和独特功能。这些优势和功能主要体现在共同促进"大众创业、万众创新"，共同支持"草根创新"，共同参与全社会创新资源配置，共同协调人才、技术、资金等创新要素的集中和流动，共同协助高新技术服务业的发展以及科技"创客"的培养。① 由于科技社团类型不同，其所承载的权责功能、参与协同科技创新的方式与途径、发挥作用的机理与绩效存在一定差异，因此，在理论与实证研究上厘清

---

① 吴超、张健明：《科技社团参与创新型城市社会治理的机制研究——以上海建设"全球科创中心"为例》，《学会》，2017年第12期。

分歧，才能使不同类型的科技社团产生最大合力。

第一节　科技社团区别于其他社会组织的功能性特质

科技社团是一种科学共同体。所谓"科学共同体"，指的是按照一定科学范式、从事知识生产的人们所组成的团体。科学共同体，通常可以分为正式和非正式团体。前者包括科学研究院所、大学研究机构等正式机构，一般都由政府资助并根据政府的行政计划进行组织；后者则包括科技社团，具体如科学技术协会、研究会等。在这些科技社团里，专家和学者依据他们对学科和专业的兴趣，按照特定科学范式自愿团结在一起，从事科学研究与技术开发、成果转让、资助与奖励、科技咨询与服务、科技成果评估、科学技术知识交流与普及。①

围绕科技社团，国内学界的相关研究主要体现在以下五个方面：

一是关于科技社团协同创新作用的研究。周永华（2010）认为，科技社团在提高全民科学素质、建设创新文化和推动经济发展等方面起到重要作用。孙蕾（2010）认为，政府应加强对科技社团的扶植和支持力度，发挥其在科普工作中的作用，努力营造崇尚科学、致力创新的良好氛围。隗斌贤（2013）认为，政府应将科技社团逐步培育为促进知识交流的有效载体、激发社会创造活动的"孵化

---

① 刘松年、李建忠、罗艳玲：《科技社团在国家创新体系中的功能及其建设》，《科技管理研究》，2008 年第 12 期。

器"、推动经济科技发展的助推器和国家创新体系建设的原动力。①
李研、梁洪力（2014）以北京市中关村为例，指出科技社团已在协
调推进区域创新体系建设、提升科技决策民主化水平、推动产学研
合作等方面发挥出重要作用。②

二是关于科技社团参与社会及市场管理的研究。盘明德
（2007）、龚勤（2012）认为，近年来社会管理权力已从政府逐渐向
社会组织及企业转移，③ 多地科技社团已成功参与承接科技奖励和
评价等政府职能，但仍存在立法滞后等问题，制约其发展。④ 王建
华、李敬德、文晓灵（2013）认为，政府培育并发展科技社团，将
成为我国深化科技体制改革、实现多中心治理模式的必然要求。⑤
蔡余峰（2012）认为，科技社团是经济发展和社会进步的重要支撑
力量，它们可以在向社会提供公共管理和科技创新服务的过程中发
挥更大的作用。⑥

三是关于科技社团内部治理的研究。陈嘉雯、丁越兰（2013）
认为，由于科技社团多元化及用人二元化发展倾向，大多存在各种
内部治理问题，如公益性不足、志愿性不足、资金能力不足、社会

---

① 隗斌贤：《学会要在实施科技创新驱动发展战略中发挥职能作用》，《学会》，2013
　　年第 1 期。
② 梁洪力、李研：《国家创新体系绩效评价的基本框架》，《中国科技论坛》，2014 年
　　第 1 期。
③ 盘明德：《关于推进科技社团承接政府部分职能工作的思考》，《社团管理研究》，
　　2007 年第 2 期。
④ 龚勤、沈悦林、严晨安：《科技社团承接政府职能转移的相关政策研究——以杭州
　　市为例》，《科技管理研究》，2012 年第 6 期。
⑤ 王建华、李敬德、文晓灵：《科技社团承接政府转移职能的若干问题》，《中国科技
　　产业》，2013 年第 7 期。
⑥ 蔡余峰：《创新社会管理 服务社团发展》，《学会》，2012 年第 2 期。

公信力不足、人才缺乏、诚信缺失等；应借鉴国外科技社团发展经验，建立符合我国国情的相关绩效评价体系。赵立新（2011）认为，科技社团绩效评价主体包括管理部门、社会公众、会员群体和社团本身，通过对各类绩效评价指标及其内涵分析，可达到对科技社团履行宗旨目标以及预测发展态势的把握。①

四是关于科技社团能力建设的研究。国内学者的主要关注点有：第一，能力体系总体建设。孙凯、王兵（2009）、胡卫东（2013）认为，我国科技社团必须具备战略领导能力、产品设计能力、人力资源管理能力、社会公关能力和组织动员能力等五大能力系统，并重视科技社团能力建设的顶层设计和规划，着力促进能力建设成果的转化。第二，决策咨询能力建设。戚敏（2009）认为，发挥科技社团在决策咨询体系中具有的特殊作用与突出其地位，已成为新时期政府开展科学决策的重要手段。② 第三，社会服务能力建设。周延丽、张太玲、熊阳（2009）认为，科技社团具有弱关系、嵌入性、社会资本和结构洞等社会网络特性，应充分发挥其学术性、公益性和群众性优势，使其起到政府与社会、政府与市场之间的"缓冲器""润滑剂"作用。③

五是关于科技社团发展机制的研究。国内学界关于培育发展科技社团的研究重点主要集中在：第一，自主创新机制。林敦榕（2003）认为，目前科技社团体制不顺，管理不力，导致管理人才匮乏、运作资金不足、激励机制不活，活动范围狭小，向政府"等、

---

① 赵立新：《科技社团绩效评价四维框架模型研究》，《科研管理》，2011 年第 12 期。
② 戚敏：《科技社团参与决策咨询的 SWOT 分析》，《学会》，2009 年第 6 期。
③ 周延丽、张太玲、熊阳：《论科技社团的社会网络特性》，《学会》，2009 年第 8 期。

靠、要"的依赖思想尚未根除；新时期更应培养其独立自主行使社会职能的能力，实行多元化入会和多渠道筹资，从而完善在组织结构、管理层次、文化内涵等方面的自主创新。① 第二，人才建设机制。张洪天、许世斌、周家明（2010）、刘源才、黄惠仙（2011）认为，一直以来科技社团发展水平参差不齐，管理相对松散，专职人员职业素养不高，无法充分实现自治；应进一步引进专业人才，完善专业化培训，建立独立职业化管理队伍。第三，学术交流机制。周延丽、周向阳、刘松年（2008）认为，科技社团的学术交流普遍存在行政管理体制束缚过重、争鸣机制缺失、学术活动肤浅化和表面化以及学术不端行为泛滥等突出问题；应进一步推进学术管理体制改革，健全学术交流机制，加强学术道德建设，组建多学科联合的枢纽型科技社会组织。②

作为促进科学技术发展和经济社会进步的重要力量，科技社团在提高全民科学素养、激发社会创造力等方面，具有十分显著的功效。笔者结合现有研究成果，总结归纳科技社团的基本功能包括：承接政府职能、提供公共服务、规范科技伦理、促进科技创新、推动产业发展等。科技社团在发展特征上，同其他类型社会组织还是有很大区别的。要实现上述基本功能，必须要清楚认识科技社团在专业、权威、能力等方面的异质性。

首先看科技社团的组织属性。中国社会组织的行动空间和目标指向被明确设定为公益领域。因此，从其与政府的关系来说，其理

① 林敦榕：《我国科技社团的管理创新探析》，《学会》，2003 年第 7 期。
② 周延丽、周向阳、刘松年：《科技社团学术交流对人才成长的影响研究》，中国科协学术交流理论研讨会，2008 年 5 月 26 日。

应在党和政府的领导下，主动承接政府部分相关职能，协调相关资源配置，以促进经济社会健康有序发展。科技社团作为科技领域的社会组织，其活动的核心范围只能是科技领域；即便是在适当条件下的外延拓展，也只能扩大作用至同科技领域相邻的社会、市场甚至政府治理等领域。① 比如，现代社会治理和市场治理需要借助的互联网、大数据、计算机技术等方面，就可以由科技社团提供第三方的技术咨询或认证。又如，科技创新成果如转基因、克隆、纳米等新技术的宣传与推广等方面，也可以由科技社团提供公益性的大众化普及和成果转让服务。

其次看科技社团的服务群体。科技社团是就职于不同性质、不同单位的同一学科、专业或行业的科技工作者，出于相互切磋学术问题、提高自身学术水平的需要而结成的社会组织。通过科技社团组织起来的科技工作者，其群体的聪明才智和创造能力显然要强于个体。这些聚集起来的能量对繁荣科学研究、促进学科发展、增强科技原创力，发挥了更大的推动作用。特别是一些服务于应用性技术开发专业和生产行业的科技社团，一旦它们促成相关科技工作者把自身学术创见引介入工业生产领域并实现科技成果的高效转化，则必将带来生产力的大发展。② 实践证明，只有制度完备、运作正常、能力突出的科技社团，才可能承接起科技领域政府管理与公共服务的部分职能。因此，科技社团必须提高自身为科技工作者和科技企业服务的能力和水平，落实民主化、科学化和制度化建设。

① 孙楠：《新形势下科技社团在社会建设中的作用》，《学会》，2013 年第 9 期。
② 姜迪、胡海云、葛培君、王利军、胡晓慧：《激发科技社团发展活力的对策研究》，《特区经济》，2016 年第 10 期。

值得一提的是，科学技术协会（简称"科协"）属于人民团体范畴，是由中国共产党领导的、按照科学家和工程师工作特点组成的主要从事科技及其相关社会活动的大型群众组织。人民团体不同于一般的社会组织，它是联结党、国家和人民的重要桥梁与纽带。党和政府制定各项方针政策，其落实过程需要得到人民团体的大力协助。为了让群众能够更好理解并执行，一方面，人民团体要在各个领域尽到传达义务；另一方面，人民团体也要认真收集群众反馈的意见和观点，及时"上传"，帮助党和国家进一步完善各项决策。这一特点决定了科协等人民团体的服务对象具有双重性，既要服务下属各类科技社团，同时也要主动承担服务政府和社会的基本职能。因此，探讨科技社团的角色定位与功能发挥，必须清楚区分其服务对象与服务能力的差异性。

最后看科技社团的社会功能。在科学技术大众化普及、科技成果国际化合作等方面，科技社团正在发挥越来越重要的作用。上海市委在 2015 年一号调研课题系列座谈会上曾明确指出：企业、高校、科研院所、社会组织等都是科技创新治理的主体，都应主动融入全球科技创新中心的建设进程。① 科技社团作为科技类社会组织的主要组成部分，在发挥社会功能方面必须分清主次，坚持以人为根本、以人为媒介、以人为载体。但笔者也发现，目前有不少科技社团同其会员之间的关系十分薄弱，缺少必要的服务意识，甚至忽视了会员的基本利益。同时，也有许多会员不太关心科技社团的发展以及自己利益的维护。一般来说，科技社团的会员大部分来自体

---

① 谈燕：《上海：重点解决科技成果转化推动产业化》，《解放日报》，2015 年 4 月 8 日。

制内的科技工作者，而在外资和民营企业等非公有制经济组织中，虽然也有大批的专业技术人员，但他们对参加科技社团兴趣不高，所占比例偏低。① 作为会员的科技领域专业性人才是科技社团的组织细胞，是科技社团赖以生存和发展的最根本依据。科技社团必须集聚、培养和保护科技专门人才，使其在各自学科专业、工作单位、社会服务领域发挥出更加积极的作用。科技社团承接的政府管理与公共服务职能，也应通过其专业会员参与协作予以实施。

第二节　科技创新治理体系中的科技社团的主要类别

笔者将科技社团的主要类别初步划分为核心类型与外延类型，并对其不同的角色定位和功能特征进行分析。

一、核心类别

科技社团的核心类别包括以下四类，它们在目前科技社团中占主要比重。

第一类是包括科普协会等在内的综合性科学技术协会。它们在发扬科学精神、普及科学知识、传播科学思想和方法，以及提高公民科学素养方面发挥主导作用。

---

① 黄浩明、刘银托：《科技类社会团体发展报告》，《学会》，2012 年第 6 期。

第二类是包括专业科技协会和研究会等在内的学术性科技研究组织。它们在承担科学技术研究主题、解决科学技术关键问题，以及科技咨询、服务、评估、转让等方面发挥主力作用。

第三类是包括高新技术企业联盟等在内的高科技企业行业协会。它们在调整地方产业结构、制定科技产业政策、培育"四新"企业、稳定经济社会发展中发挥主体作用。

第四类是包括科学家协会、工程师协会、高新企业家联谊会等在内的科技专业人士协会。它们在营造科技人才网络、建设科技精英交流合作平台、打造科技治理共同体等方面发挥主要作用。[①]

二、外延类别

该类别主要包括三种类型的科技类社会组织，目前它们的数量并不多，但未来"科技创新中心"建设对其有一定需求。

第一类是包括各地各级科学技术协会等在内的枢纽型科技社会组织。它们由政府认定，在政治上发挥桥梁纽带作用，在管理上承担业务主管职能，主要负责服务和管理其他科技类社会组织，并在孵化和培育各类科技社团、监督和引导下属科技社团等方面起到突出作用，有利于促进科技领域的政社分开和管办分离。

第二类是包括各种科技中介服务组织在内的科技类民办非企业单位。它们不仅承接政府部分相关职能，而且成为政府与社会之间、技术供应商与购买者之间的桥梁纽带。

---

① 吴超、张健明：《科技社团参与创新型城市社会治理的机制研究——以上海建设"全球科创中心"为例》，《学会》，2017 年第 12 期。

第三类是科技基金会。这些基金会一般都采用项目资助的方式，为科技交流、合作、转化、创业、扶贫等工作提供资金支持，从而鼓励自主创新，加强人才培养，促进科教普及，推动我国科技事业实现可持续发展。①

三、一般作用

按照党中央的指示，上海把"大力实施创新驱动发展战略、加快建设具有全球影响力的科技创新中心"作为其未来发展的总体战略目标。② 这一系列目标对政府管理体制改革和社会治理方式创新提出了更高要求。面对上海建设"国际经济中心、国际金融中心、国际贸易中心、国际航运中心"和"具有全球影响力的科技创新中心"的任务要求，上海科技社团的作用主要体现在以下三个方面：

其一，上海各级科学技术协会业务精通，专业扎实，熟悉行业发展规律，是各级政府在科技创新领域的重要助手。科技创新治理体系需要各种类型的科技类社会组织充分发挥主体作用。其中，各级科协及其下属的各类科技社团是必不可少的组成部分。科技工作者具有较高的科学文化素质和强烈的社会责任感，由其联合组成的科技社团可以为上海建立满足国际大都市需求的科技创新治理体系提供必要的智库支持。此外，科技社团的成员们还是一个思想活跃、文化水平较高、对我国经济社会发展与科学技术进步有着独到见解

---

① 吴超、张健明：《科技社团参与创新型城市社会治理的机制研究——以上海建设"全球科创中心"为例》，《学会》，2017 年第 12 期。

② 吴信宝：《打造创新型城市"升级版"》，《文汇报》，2014 年 7 月 22 日。

的社会群体。他们对党和国家的科技发展路线、原则与政策的理解和认识，往往会对整个社会产生深远的影响。因此，上海在实现"四个率先"过程中制定的社会、政治、经济、科技等公共政策，如果能够得到科技社团及其成员的宣传和普及，将会更具影响力与说服力。①

其二，在支持创新驱动发展战略、承接政府科技职能转移、提供社会创新驱动力等方面，科技社团发挥着极其重要的作用。随着综合实力不断增强，产业结构加速转型，全球影响力节节攀升，上海正在形成源源不断的创新动力，并在全球经济和技术发展中拥有越来越强的领导力。这些领导力主要体现在以下方面：在多项经济和科技领域处于世界领先水平；拥有一群世界一流的科学家和工程师；在许多科技领域率先进行重大革新，逐步改变人们的生活方式与思想观念。科技社团在这些方面有着高新企业、科研院所等不具备的独特作用。比如，面对政府科技职能转移，科技社团能够接受相应委托，并在科学技术评估、科学技术人才评价、科学技术奖励等领域展现丰富的组织优势，而且由于它具有公益性和权威性，更易得到科学界与社会各界的认可。一些科技社团设立的科学技术奖项已成为科技社会奖励的重要组成部分。由科学技术协会或枢纽型科技社团组织的、持续不断的学术交流平台和不同类型功能的科学研究活动，也弥补了相关领域的空白。②

其三，科技社团是连接科技创新治理各个主体的有效纽带，能

① 张健明：《未来30年上海城市发展的愿景目标和发展路径》，《科学发展》，2016年第2期。
② 董立人、刘冉：《新时代提高科技社团承接政府转移职能质量和水平研究》，《学会》，2018年第10期。

够为创新型城市治理营造良好的社会创新文化氛围。所谓"创新型城市治理"是指以最有效的方式，在城市创新驱动发展领域促使政府、市场与社会各个主体形成更加良性的互动关系。① 其中，"创新"一词具有三层含义：一是科学意义上的创新，即新规律和新知识的发现；二是技术意义上的创新，即新工具和新材料的发明；三是经济学意义上的创新，即生产要素和生产条件的重组和再造，使资源配置效率得到不断提升和优化。围绕上述三层含义，科技社团可以在科技创新领域构建良好的制度环境。例如，通过设置科学技术奖及相关奖励措施，促进科学发现；通过保护知识产权和建全学术诚信体系，促进技术发明。科技社团是科学家们、工程师们和高新企业家们的社会家园，这里提供的文化氛围和制度环境在很大程度上影响着这些群体的成长。因此，科技社团应当通过科技人文关怀、学术道德共建、科技伦理教育等活动，使科学家们、工程师们和高新企业家们真切体会到荣誉感、认同感和归属感。此外，科技社团也应当通过学术交流合作、智库建言献策、科技成果转化、推荐奖励表彰、组织科技调查、开展教育培训、协助维护权益等具体手段，为他们提供更加优质的专业服务。②

---

① 吴超、张健明：《科技社团参与创新型城市社会治理的机制研究——以上海建设"全球科创中心"为例》，《学会》，2017 年第 12 期。
② 同上。

第三节 科技社团助力科技创新治理现代化
独特功效

一、承接政府主体的科技职能转移

在科技创新治理现代化进程中，政府主体必须积极转变自身职能，解决其在科技创新治理中的错位、越位与失位等问题，并进一步释放管理权限，促进市场主体和社会主体的成长与发展。因此，政府主体在科技创新服务和管理方面的相关职能，完全可以委托给科技社团予以完成。实践证明，落实科技创新服务与管理，不能只靠政府主体的行政手段或市场主体的自由竞争机制；科技社团要勇于承担政府科技职能转移，组织发动广大科技工作者的智慧与才能，积极参加政府决策咨询，主动提供咨询服务，从而提高政府决策的科学化水平。

科技社团的决策咨询服务功能，主要体现在以下方面：一是参与科技领域政府重大决策项目的前沿调查；二是参与各类科技创新项目的可行性论证；三是参与技术安全和经济安全标准制定与质量评估；四是参与专业技术职务资格认定与评估工作；五是参与推荐或选拔科技领域学术或学科带头人；六是参与科技创新成果、科学技术成就认定与评价；七是参与科技领域工程事故、医疗事故和自然灾害定损；八是参与推进科技成果的转化及应用；九是参与制定科技领域质量与环保的技术标准并实施评估认证；十是参与组织各行业科技工作者的继续教育及业务培训。[①]

二、满足市场主体的科技创新需求

在科技创新治理现代化进程中，市场对科技资源配置的决定性作用必须得到充分保障。创新型城市治理的科技资源配置要求不同于一般城市，它更加强调在市场导向下发挥科技社团的主体作用。这种作用主要体现在推动科技与经济领域的有效结合。例如，科技社团通过团结各类科技人才，探索更好地为企业和产业服务的长效机制，从而有力支撑地方经济社会和科学技术的可持续发展。高新科技企业的成长与发展，离不开人力资源和市场信息。一直以来，科技社团都掌握着众多的科技市场需求，比如科技成果的开发和转让、科技政策的咨询和服务、科技战略的研判和规划、科技奖励的评价和包装、科技金融的投资和融资、科技会议的设计和展览、科技专利的受理和保护等。一方面，科技社团可以为高新科技企业及时提供各类科技数据和研发动态信息；另一方面，科技社团还可以通过高端项目推广、跨国学术合作、国际科技交流等方法，为高新科技企业牵线搭桥，帮助其引进全球同一领域内的顶尖人才。[②]

---

① 胡勇：《浅议学会承接政府转移职能的承载能力》，《学会》，2004 年第 12 期。
② 吴超、张健明：《科技社团参与创新型城市社会治理的机制研究——以上海建设"全球科创中心"为例》，《学会》，2017 年第 12 期。

三、推动社会主体的创新创业发展

在科技创新治理现代化进程中，社会主体是不容忽视的一大治理主体。创新型城市建设必须进一步激发社会组织活力、完善科技创新治理方式、提高科技创新治理水平，必须进一步动员社会力量参与城市科技创新的发展格局。作为全国改革开放排头兵和创新发展先行者，上海应当率先实施创新驱动发展战略，加快建设"具有全球影响力的科技创新中心"。[①] 全球科技创新中心不仅仅是一种创新理念，它必须能够有效集聚世界范围内的高新技术产业及人才和重大科技创新成果，并对全球科技领域产生足够的辐射力和影响力。要做到这一点，全球科技创新中心必须拥有健全的科技创新支持系统、完备的科技创新投融资体系、规范的科技创新交易市场及其服务机制、良好的科技创新文化环境。这些必要条件的形成，仰赖于全球科技创新中心内部各创新治理主体间的良性互动。科技社团是科技创新治理体系中社会主体的重要组成部分，它在优化全社会科技创新资源配置，推动民间科技创新和科学创造，加快人才、资金、技术等科技创新要素流动，促进高新技术服务业及其人才培育等方面发挥着独特的优势和功能。[②]

---

① 张健明：《未来 30 年上海城市发展的愿景目标和发展路径》，《科学发展》，2016 年第 2 期。
② 吴超、张健明：《科技社团参与创新型城市社会治理的机制研究——以上海建设"全球科创中心"为例》，《学会》，2017 年第 12 期。

四、营造创新型城市治理的文化氛围

科技创新治理体系是国家治理体系的重要构成，也是一个城市科技创新生态的重要支撑。建设和发展科技创新治理体系，不仅涉及科技领域相关体制机制改革，实际上还同整个经济社会体制改革创新息息相关。在创新型城市治理进程中，不仅要充分发挥市场在科学技术研发方面的导向作用，尊重各种科技创新要素的路径选择和配置要求，还要努力提高政府在科技创新领域的治理能力，建立健全创新型科技政策体系和治理体系，不断改善科技创新的生态环境，同时更要以人才为基础，强化高新技术产业优势，打造科技创新人才高地。创新型城市不能只面向本国汇聚优秀人才，而是应当面向世界各国吸引顶尖人才。要实现这一目标，就必须打破固有观念与制度，进一步创新人才评价体制和激励机制，营造良好的社会创新文化氛围，充分激发各类人才的创新活力和潜力。这也是新时代推动科技创新治理体系现代化的必然要求。科技社团在这一方面大有可为：一方面，可以推动全社会有效形成尊重科技人才、爱护科技人才、用好科技人才的生态环境；另一方面，可以为高等学校、科研院所、高新企业打造社会化对接平台，探索科技创新人才的合作培养模式，促进上述各方增强共识与信任，加快科技成果的转化与应用。[1]

---

[1] 马治国、田小楚：《存续、契机、转型：西安市创新型城市建设中的知识产权保护运衡》，《长安大学学报》（社会科学版），2017年第2期。

第四节　科技社团协同创建全球科创中心的前景优势

一、科技社团协同创建全球科创中心的基础与优势

以上海为例，目前科技社团的培育发展具有鲜明特色与优势，主要表现在以下方面：

第一，上海科技社团已实行直接登记管理。2014 年 3 月，上海市政府发布《关于转发市民政局制订的〈上海市社会组织直接登记管理若干规定〉的通知》（沪府办〔2014〕18 号），决定自 2014 年 4 月 1 日起对科技类社会组织等实施直接登记管理，社会组织包括分支机构的设立、变更和注销将直接向登记管理机关申请办理。对此，上海市科协根据社会组织登记管理法规的修订情况，制订更新了科技类社会组织发展指导意见、团体会员管理办法、业务活动指南和规范等文件，继续支持和资助科技类社会组织的业务活动；并进一步要求属于上海市科协团体会员的各学会、协会、研究会，就变更登记事项或注销，分支机构设立、变更和注销等变动事项向上海市科协报备，具体报备内容包括了学会理事会或常务理事会会议纪要、变动事项内容等材料。

　　第二，上海科技社团采取激励机制效果显著。在行业内部设置不同级别的专业奖项；通过有影响力的评奖行为，树立行业权威，吸引和团结更广大科技工作者。作为政府科技奖励的有益补充，由科技社团设立的科技奖项已成为许多科技领域的重要奖项，如上海市化学化工学会设立的"庄长恭、吴蕴初化学化工科技进步奖"、上海市海洋湖沼学会设立的"上海海洋科技奖"等。由上海市科学技术协会设立、经各科技学会和研究会推荐产生的"上海市科技精英"人才奖，其评选活动至今已走过30多个年头，在其获奖者中涌现出50多位中国科学院、中国工程院院士。①

　　第三，上海科技社团承接政府职能种类丰富。目前上海市政府已逐步下放部分管理职能；在服务标准化制定、技术开发评审等领域，接纳优秀科技社团承担相应职能工作。例如，上海市五星级学会之一的上海市标准化协会，已经连续10年开展了上海市标准化优秀成果评选，每年平均接受150余项申报。该协会每年组织选送数十篇论文参加国家标准化管理委员会主办的全国标准化论文评选，先后有多篇获得特等奖和优秀奖。这些评奖工作有力地推动了该行业良好学术生态的构建，成功承接了政府相关职能转移。

　　第四，上海科技社团拥有较强的社会服务能力。当前，上海市科协全力支持引导科技社团自力更生，积极开展技术咨询社会化服务与技术资质社会培训业务。例如，五星级学会之一的上海市化学化工学会创办有上海市中学生业余化学学校，其宗旨是为了培养化学后备技术人才发挥积极作用。业余化学学校成立近30年来，已在

---

① 任荃、沈湫莎、陶艺音：《主动承担社会化服务职能积极融入社会治理体系建设》，《科协论坛》，2014年第4期。

加强教师队伍、编写科学的教学教材和优化培训手段等方面做了大量工作，并成为上海市化学化工学会的品牌项目之一。

二、科技社团协同创建全球科创中心的作用与前景

当前上海已进入创新驱动、转型发展的攻坚阶段。"新常态"策动经济发展模式发生深刻变化，对科技创新创业体系建设和新型社会组织发展均提出更高要求与更严标准。一方面，上海经济社会快速发展，在现代服务业、先进制造业及战略性新兴产业等方面仍需要极强的科技创新能力支撑，但近年来上海科技软实力提升幅度不够明显；另一方面，作为特大型城市，上海面临人口、土地、能源及经济持续发展的巨大压力，迫切需要转方式、调结构，尽快实现从要素驱动向创新驱动转型。"创新不是管出来的，而是放出来的。企业和一切创新主体的感受、各类创新人才能否真正集聚，这是一座城市是否拥有好的创新文化和创新环境的根本评价标准。"① 因此，科技社团在全球科技创新中心建设中应当具备全球视野，充分发挥政府、市场以外的"第三极"作用。

其一，营造社会科技创新文化氛围。科技创新是社会全面创新的核心要素。营造社会创新文化氛围，必须着重注意"内圈"和"外圈"的协调组合。

社会科技创新文化的"内圈"，是由体制内科技工作者和高新企业科技研发人员共同组成的。科技社团必须承担起调动上述人员科技创新创业积极性的使命任务，协助高等学校、科研院所和高新企

---

① 徐敏：《科技创新，上海如何走好"先手棋"》，《解放日报》，2015 年 5 月 28 日。

业共同深化科技管理体制改革，营造良好的科技创新创业环境。当前上海不断深化科技管理制度体系改革，逐步改变原来以竞争性项目经费支持为主的拨款方式，探索建立以科研基地预算支持为主的拨款方式，以此加大对国家重点科研基地乃至全球顶级科研机构落户上海的吸引力。在这一改革过程中，科技社团理应起到协调各方竞争、启发学术探索、营建公正环境、树立专业权威的桥梁纽带作用。科技社团下一步在"内圈"建设方面的主要方向包括：引导民间资本稳步投资科技创新体系；参与完善创新链和产业链对接机制；推进建设创新人才培养、引进、使用的流动体系等。①

社会科技创新文化的"外圈"是由具有科技创新创业意识的普通市民组成。科协组织及其下属科技社团的社会功能之一，是承担创新型城市的科普使命。通过科普活动，将科学精髓和创新精神传播到城市每个角落，融入市民的日常生活，从而激发社会民众的"草根创新"激情，营造城市社会科技创新文化，为未来的科学发现和技术发明提供最大分母数。目前上海已拥有300多个科普基地，创建了数十个全国科普示范社区和近百个上海科普示范社区，每年接受科普教育学习的受众数量逐年上升，但在硬件设施和科普活动筹办数量和质量上，与全球科技创新中心的建设与发展需求相去甚远。

其二，推动全球创新主体协同创新。建设具有全球影响力的科技创新中心，必须经由区域创新主体协同创新逐步实现全球创新主体协同创新。现有科技管理体制内，纵向科层分割、横向区域隔离，是造成创新主体难以协同运作的成因之一。科协组织及其下属的大

---

① 尚勇：《让创新成为驱动发展新引擎》，《科协论坛》，2015年第3期。

型科技社团应充分发挥横向性、跨越性和权威性的优势，促进各种创新主体组建协同创新共同体。目前，我国各省区市迫切需要建设一批具有较强国际竞争力的产业协同创新共同体。比如，以发展高端制造业为重点，打造一批具有国际竞争力的先进制造业协同创新共同体，带动制造业向价值链上游发展；以新兴信息技术发展为重点，超前布局并培育一批产业关联性和引领性强的智能信息技术产业协同创新共同体。① 为此，科协组织及其下属的科技社团要充分发挥科技创新人才的聚拢和引领优势，以人为媒介，以专业为载体，构建科技协同创新共同体，从而进一步激发政府、高等学校、科研院所、高新企业等创新主体的活力与潜能，形成开放合作的科技创新治理体系，提高科技创新资源的利用效率。② 科技社团不能坐等科技协同创新共同体建成后的事后覆盖，应当在事前规划共同体建设的未来目标，在事中促进科技创新要素流动与科技创新成果转化。

其三，建立全球科技创新信息平台。从国外"科技创新中心"建设经验来看，全球性的科技创新信息交互渠道主要掌握在国际性科技类社会组织而非政府科技管理部门的手中。以上海为例，其科技社团的信息化水平与全球科技创新中心建设所要求的"拥有全球一流的科技资源管理和信息交互网络平台"的基本条件，仍有很大差距。目前，上海科技社团的网络信息量较低，许多需求和服务在网站上不能直观地体现；在门户网站上除了自身活动和日常工作的信息之外，并没有企业所关心的诸如行业新闻、技术动态、政策走

---

① 尚勇：《让创新成为驱动发展新引擎》，《科协论坛》，2015 年第 3 期。
② 亚东、石晶岩：《项目立区 产业升级》，《吉林日报》，2016 年 5 月 26 日。

向等信息；对于国外科技创新的信息来源也几乎空白。科技社团下一步改进网络信息平台建设至少需要分"两步走"：一是理顺科技社团内部信息交流通道，从自身网站建设出发，更多地把企业需要的信息发布到网站；同时把原有专家平台、学术年会平台、国际交流平台、参政议政平台、社会事务服务平台等，以及科技咨询服务、科技中介服务，科技工作者建言献策的渠道，科技工作者与决策者之间的交流对话平台等，整合移植到互联网上；二是接轨全球科技创新信息交互网络，首先要做好翻译和引介工作，将国际科技资源讯息和需求动态及时发布到互联网上。然后要做好整合、包装和传播工作，将国内科技发展信息同步向全球网络发送，提高科技社团的国际影响力，为"走出去"战略提供信息化铺垫。

其四，集聚全球各类科技创新资源。在政府引介、市场吸引之外，要积极开拓以科技社团为桥梁枢纽的民间科技创新资源集聚渠道。世界范围内的新知识、新技术和新产品，绝大部分孕育产生于全球科技创新中心。它既是全球科技创新要素的聚集之所，也是全球科技创新网络的枢纽节点，因而对全球科技产业发展具有强大影响力。① 在众多科技创新资源中，信息、知识和人才，是科技社团赖以生存与发展的必要基础。通过民间层面的科技合作交流，可以消除在政府与市场层面科技互动交流理念和合作模式存在的某些弊端，提供更广大、更活跃的科技合作空间。而在这一合作空间体系内，信息、知识和人才是科技社团最能把握与操作的核心资源。当前，上海建设全球科创中心具有较好的基础。根据 2015 年《全国科

---

① 杜德斌：《"大洗牌"前夜：第 5 次创新资源跨国大转移看亚洲》，《东方早报》，
　　2014 年 10 月 14 日。

技进步统计监测报告》显示，上海综合科技进步水平指数稳居全国前列。又据 2020 年《亚太知识竞争力指数报告》显示，上海始终处于亚太地区第一梯队，位列第四位。但也要看到，上海在人才队伍、自主创新、国际开放等方面仍存在不少"短板"，必须加大从全球范围吸引高层次领军人才及科技创新人才的力度。

第九章

科技社团参与科技创新治理体系建设的能力比较

各国经济社会科技发展水平不同、科技类社会组织管理体制不一，我们绝不能简单照搬或盲目比较，但其发展举措与建设经验仍可供我国借鉴。

第一节　科技创新治理体系中科技社团发展的共性条件

国外科技社团在科技创新治理体系中的角色定位与发展方向，具有以下几大共性特征：

第一，政府支持有力与法律制度环境良好。美国和一些欧洲国家有着完善的市场经济体制和悠久的科技社团发展历史，它们都制定了相关法律法规来促进科技社团的发展并保障其各项权益。在市场经济体制下，科技社团具有独立的法人资格，国家只通过法律手段对其进行管理和监督。这些国家还通过立法和各种优惠政策来引导科技社团的规范运行。这些优惠政策主要包括减税和免税。在减税方面，德国法律规定，凡以公益性、慈善性、教会性为宗旨目的非营利性组织，均可享受一定的税收优惠政策。在法国，非营利性组织的税率被列在较低一档，远低于企业所得税率。在免税方面，美国法律规定非营利性的科技社团可以享受免税待遇，但只要其从事了营利活动，则必须像企业一样承担相应的纳税义务。① 此外，美国和欧洲国家针对科技社团设置的准入门槛一般都比较低，其工作重点主要放在监管环节，且对应的法律条文也比较细致。这种良好的法律环境，保证了科技社团的健康发展。②

第二，服务宗旨明确，会员利益第一。美国和欧洲国家的科技社团很少带有行政色彩，其成立依据主要来自科技领域专业人才在组织交流方面的共同意愿。因此，这些国家的科技社团将服务会员、维护会员合法利益，放在自身建设和运行的首要位置。③ 美国、德国、英国等国家的科技社团非常重视会员的认同感和归属感。它们不仅为每位会员建立了个性化的管理档案，而且通过一系列日常联系机制，了解会员的发展情况，并根据其需求开展相应的社会性和学术性活动。在这些国家，科技社团除了重视会员的职业发展和教育培训以外，还特别关注会员的社会地位与学术水平提升。这些科技社团通常都有一套稳定的会员制度，并向会员提供参加国际交流

---

① 王志章、严方超：《美国硅谷科技社团发展现状及其启示》，《经济研究导刊》，2013年第25期。

② 张国玲、田旭：《欧美国家科技社团发展的机制与借鉴》，《科技管理研究》，2011年第4期。

③ 蒋辽远、陈昌挺、黄自发：《科技社团会员管理改革发展路径探索》，《学会》，2015年第12期。

培训的机会与相关信息和法律咨询服务。它们还建有完善的内部通信体系和外部网站及数据库，能够及时为会员推送适合自己的学术活动讯息。①

第三，内部治理结构与组织管理体系完善。美国和一些欧洲国家很少采用行政管理方式干预科技社团的内部运作，它们一般只是通过法律手段或税收政策对其进行适当调控。在市场经济体制下，科技社团同其他社会组织一样，实行自我管理、自我负责和自我发展。科技社团通过会员选举产生理事会、监事会等领导组织。这些领导组织大多由学术权威或管理经验丰富的资深专家组成，但在讨论重大事项或决议时，仍必须通过表决程序，以保证决策能够代表绝大部分会员利益。此外，欧美各国科技社团对会员资格也有着明确的组织管理规定，包括入会要求、会费标准和服务范围等。这些科技社团之所以采用严格的会员准入制度，一是为了确保会员素质、提升社团档次，二是为了确保社团能够在合理规模下，为会员提供最优质的服务。为此，科技社团一般都建立了会员登记、会籍管理与分类晋级等内部制度。这样做既能了解每个会员的实际情况与发展需求，也能增强会员对社团工作的认可与重视。随着会员学术地位和职业资格的提升，其在科技社团内的等级也会有所提高；不同等级的会员缴纳会费的标准可能会有所差异，以显示不同会员对社团的贡献度。②

第四，品牌意识浓厚，期刊质量保障。美国和一些欧洲国家的

① 张国玲、田旭：《欧美国家科技社团发展的机制与借鉴》，《科技管理研究》，2011年第4期。
② 同上。

科技社团都高度重视自办期刊的出版，甚至每年在自办期刊出版上投入巨大资金，此举目的在于维持自身在相关科技领域中的学术影响力。这些科技社团通过发掘并鼓励优质论文的生产与发表，牢牢占据着某一研究领域的领头地位。比如，世界上最具影响力的杂志之一《科学》就是由美国科学促进会（AAAS）出版的。《科学》杂志在世界科技领域的领先地位，也确保了美国科学促进会的学术权威与社会地位。类似的科技社团与科技期刊之间的关系还有美国医学会（AMA）及其出版的《美国医学会杂志》、美国化学学会（ACS）及其出版的《美国化学学会杂志》等。[1] 当然，这些科技期刊不仅给作为出版方的科技社团带来了良好的品牌形象，而且还带来了可观的经济收益，其中一部分收益成为科技社团从事非营利性运作的成本补偿。[2]

第二节　科技创新治理体系中科技社团发展的国际差异

当然，欧美国家科技社团的发展也具有自身的特殊性，主要体现在以下方面：

一是科技社团的经济独立性较高。欧美国家科技社团一般很少

---

[1] 赵婵、张宏翔：《国外科技社团期刊经营策略的分析与借鉴》，《科技与出版》，2012年第12期。

[2] 王志章、严方超：《美国硅谷科技社团发展现状及其启示》，《经济研究导刊》，2013年第25期。

得到政府部门的直接资金投入，其收入来源主要来自会员缴纳的会费、自办期刊的收益、各种社会服务的非营利收入，以及各类社会捐赠等。① 这些收入基本满足了科技社团的运行需要。甚至有些知名度高、品牌影响力强的科技社团，每年都会有大量资金结余。这些结余资金往往会被用来设立各种奖励，进一步提高会员参与社团活动的积极性。②

二是科技社团的科技成果转换能力较强。在欧美国家中，科技社团与工业企业联系最紧密的当属德国。德国科技社团已成为推动德国工业发展的重要力量。这一推动作用主要体现在以下方面：首先是通过参与制定工业标准规范和提供相关决策咨询服务，为促进工业企业科技创新贡献专业力量；其次是协助工业企业解决生产安全、污染防治、工人健康与循环经济发展等后顾之忧；再次是通过举办各种工业展览，为工业企业提供登台亮相和品牌展示的活动舞台。③

三是科技社团的社会服务比较频繁。科技社团除了要为会员服务以外，也要承担起相应的经济社会责任，即为科技进步、社会建设和经济发展而服务。在一些欧洲国家，科技社团是向民众开展科学知识普及与科技成果传播的重要渠道和载体。在英国，由科技社团组织的各种学术科普讲座深受不同年龄、不同阶层民众的欢迎。④ 讲座经常邀请一些资深科学家即席发言，他们会用通俗易懂的语言

---

① 戴鸣阳：《科技学会离"断奶"还有多久？》，《江苏科技报》，2014 年 5 月 5 日。
② 张国玲、田旭：《欧美国家科技社团发展的机制与借鉴》，《科技管理研究》，2011年第 4 期。
③ 同上。
④ 王顺义：《英国皇家学会：现代科技社团的起源和典范》，《科学（上海）》，2010年第 6 期。

向民众讲述最前沿的科技成果与学科发现，由此拉近民众与科学之间的距离。此外，一些科技社团还面向企业、学校、社区，甚至互联网开设科学教育培训课程，有效提高了相关专业管理人员的职业素养。[①]

第三节　科技创新治理体系中科技社团发展的经验借鉴

一、国外科技社团发展的典型案例

（一）芬兰 ICT 创新网络中的中介组织

ICT 是信息通信技术（Information Communication Technology）的英文缩写，该产业是芬兰国民经济最重要的支柱产业之一。截至 2014 年，芬兰已成为世界公认的信息通信技术开发和利用水平最高的国家。究竟是什么原因让芬兰从一个北欧农业小国成功转型为世界科技强国？早在 20 世纪 50 年代，芬兰就已结合自身国情特点，独具慧眼地选择了信息化发展道路。在 60 多年的发展进程中，科技创新始终是芬兰经济社会发展的重要支撑。除了大力扶持信息通信技术产业外，芬兰也十分看重信息通信技术行业协会与相关科技服

---

① 谢恭芹、丁邦平：《建立科学学习中心网络，深化科学教师专业发展——英国科学教师专业发展及其启示》，《比较教育研究》，2007 年第 9 期。

务中介组织的培育与建设。这些科技类社会组织为信息通信技术企业提供了市场信息交互和发展机遇共享的良好平台，促进了企业间的交流和沟通。在芬兰，只要企业加入了相关行业协会或企业联盟，就能够以会员身份自动获得产业发展的前沿信息。这些信息一部分来自政府部门的数据分享，另一部分则主要依靠科技中介组织自己建立的各种市场调研信息服务系统所提供。此外，这些中介组织还建有完善的专业培训体系与丰富的国际交流渠道，可以为走出国门的芬兰信息通信技术企业提供便利高效的信息咨询和法律服务网络。①

（二）韩国科技研究与开发中的民间组织

韩国早在 20 世纪 80 年代就建立了全国性质的科技社团总联合会，负责统筹协调全国各地科技社团的发展步调与方向，以便在科技研究与开发中更好形成合力。为了鼓励科技社团同高新企业、高等学校和科研院所携手合作以形成技术互补，韩国颁布了多部法律，并在政府资金投入和税收优待等方面给予科技社团较大力度的政策支持。② 20 世纪 90 年代，韩国大德科学城建立。在这个以高等学校为中心的产学研一体化园区内，韩国以政府力量为主导，先后设立了科学技术创新中心、科技企业孵化器、工程合作研究中心、区域协作发展支持小组、高新技术企业联盟等一系列非营利性组织。这些组织运行过程中的主角是高等学校、科研院所和高新企业，其目

---

① 柳婷、钟书华：《芬兰 ICT 创新网络的构成分析》，《科技管理研究》，2008 年第 10 期。

② 姜绍华：《国外构筑科技创新体系可资借鉴的经验》，《山东经济战略研究》，2008 年第 8 期。

的就在于促进它们之间的合作研发，从而带动高新技术产业的快速发展。①

（三）"日本制造"中的日本技术士会

日本技术士会成立于 1951 年，其宗旨是普及日本的技术士制度，推动技术士业务的进步，保持和提高会员的品德和地位，推进日本产业的发展及与国外的技术协作。发展至今，日本技术士会已成为日本国内最大的专业技术人员团体。日本技术士的从业范围非常宽，涉及机械、造船、航天、航空、农林、水利、通信、生物技术、经济管理等众多领域。要成为合格的技术士，必须通过国家层面组织的相关职业资格考试。这一制度及其组织体系为日本科技领域各行各业源源不断地提供宝贵的人才。②

二、国外科技社团发展的有益经验

当前发达国家推动科技社团参与科技创新治理，普遍采取提供决策咨询、参与标准制定、承接行业认证、引导科学传播、开展人才培养等措施，其在提供科技创新与社会创新服务方面已取得显著成效，为新时代我国积极调动社会资源、协同推动科技创新治理体系现代化提供了有益经验。

（一）科技社团认同度与凝聚力较强

美、英、法、德、意等国科技社团均具有极强的市场生存能力，

---

① 张桂香、邱宁熙：《江苏和韩国科技创新的比较与借鉴》，《统计科学与实践》，2013 年第 3 期。

② 陈超：《日本技术士协会：愿为中国建设做贡献》，《科技日报》，2003 年 2 月 11 日。

尽管会费收入是其生存发展的重要基础，但科技社团能够为其会员提供异常优质的服务，使会员感到有所得，能够实现自身价值，加入意愿十分强烈。许多会员甚至将科技社团作为终身职业及事业追求，在面向社会服务时也格外注重其所代表的社团信誉度。依靠会员的忠诚和热情，欧美各国科技社团在激烈的世界市场竞争中始终占据一席之地。

（二）科技社团专业化水平较高

欧美各国科技社团大多汇集了科学技术界最优秀的人才，他们往往是学科带头人或是在科研上有所成就的专家与学者，能够较及时深入地掌握各自行业的前沿与动态，从而形成知识及人才高智能高密集型的科技工作者群体。这些国家的科技社团管理组织人员与会员人数比例往往悬殊，因而高度重视发挥社团志愿者作用，形成一整套完善的职业化专业化培训体系。这些科技社团还十分注重与国际接轨，经常举行跨国界的学术交流及其他科技创新活动，在世界领域中具有较强的学术权威。

（三）科技社团承接政府职能较成熟

美国科学促进会（AAAS）专门设有政策研究和社会项目中心，用于承接政府或社会各方的技术咨询或社会调查任务。[①] 英国亚当·斯密研究所（ASI）不是官方筹建的科研院所，而是一家科技社团。由它发布的市场经济政策研究报告在英国国内具有极高的可信度与影响力。此外，它还受政府委托，定期向各部门提供必要的信

[①]　夏婷：《美国科技社团参与决策咨询的体制机制及其对我国的启示——以美国科学促进会为例》，《学会》，2013 年第 8 期。

息咨询和技术支持。① 德国规定科技社团必须帮助政府承担标准制定和产品认证等职能工作。例如，德国电气工程师协会（VDE）已成为国家相关产品认证的标志，以其为代表的众多科技社团必须负责为本国各类标准化制定严格把关。

（四）科技社团推动科技创新活动成果较突出

美、英、日等国家的科技社团能够有效整合政府、市场、社会等各方面资源，形成一套比较完备的科学知识传播和技术教育培训网络，因而成为这些国家科学普及和科技传播工作的主要推动者，为提升社会公众科学素质、完善国家科技创新治理体系、增进国家综合竞争力提供了重要动力。②

第四节　国内科技社团培育发展及治理改革的案例调研

笔者在上海市范围内选取了一定数量的五星级、四星级科技社团进行深度访谈，整理收集了相关数据资料，比较清晰地梳理了科技社团培育发展及治理改革的现实状况，并进一步了解了科技社团参与科技创新治理的不同现实需要和发展方向。

① 张举、胡志强：《英国科技社团参与决策咨询的功能分析》，《科技管理研究》，2014年第1期。
② 徐晓丹、樊春良：《英国科技社团的治理机制研究》，《科学管理研究》，2020年第5期。

截至 2019 年底，以各级科协组织为业务主管单位登记注册的上海科技学会、协会、研究会有 199 个，个人会员 29.54 万人，团体会员 1.5737 万个。科协组织网络已覆盖本市 17 个区县科协、11 个园区科协、81 家企业科协和高校科协。上海所有乡镇、街道都建有科普协会。另外，以民政局、人力资源和社会保障局、市教委及部分高新科技园区管委会为业务主管单位的科技类民办非企业单位和社会团体还有 50 多个。除此以外，还有数量较多的未正式登记注册的科技类社会自组织和科技服务志愿者团体。

一、上海市标准化协会

上海市标准化协会成立于 1981 年 4 月，2017 年获评市科协四星级学会并保持至今。协会拥有组织、科普学术、教育培训、技术咨询等工作委员会，并拥有航天、船舶、纺织、机电、信息、服务、蔬菜、饲料等包括一、二、三产业各个行业的 21 个标准化专业委员会。近年来，协会以"服务经济、服务社会、服务企业"为宗旨，面向市场，转变观念，推进协会的转型和创新发展，改变原先依赖政府主管部门开展业务的现象，主动为社会各界包括企事业单位和政府部门提供专业、周到、优质的服务，建立了适应协会发展需要的人才队伍，逐步形成了比较科学的管理和运转机制。

（一）服务科技创新

1. 深入推进国际标准化学术交流

为了加快标准化工作与国际接轨的步伐，协会从 2001 年起已连续举办了 20 届学术交流会议，每年根据不同的主题邀请国内外著名专家发表论文和演讲。为了使研讨交流更好与国内科技创新结合，从第 10 届起同时举办相关主题的创新技术展览展示，每次筛选出 30 多个国内外研究机构和企业的成果参展。每届会议都有上海市主流媒体及国内相关媒体到会并报道。

2. 开展多层次标准化优秀成果评选

协会接受政府职能转移的项目，已连续 13 年开展了上海市标准化优秀成果评审，每年平均接受 150 余项申报，坚持"公平、公正、公开"的原则与科学道德的良好学术生态，得到了政府部门和企事业单位的认可与好评。

3. 为高新技术创新成果推广提供标准化服务

近年来，根据企业创新发展的实际需要，协会组织资深专家团队深入生产一线，在开展充分调研的基础上将企业的科研成果及时转化为行业标准，为企业开拓市场打下基础。

（二）服务社会管理创新

1. 认真做好政府委托的社会服务项目

为使企业产品标准更加准确、规范和适用，协会多年来坚持免费开展政府委托的企业标准备案工作，每年完成近 2000 项产品标准备案，为企业标准把关，在本市企业界树立了良好的信誉。

2. 为提高企业标准化水平提供服务

为贯彻上海市"四个中心"的发展战略，推动上海市的现代服务业的建设，近年来协会为本市许多标准体系建设示范试点提供专家组技术咨询服务，如七宝商业街服务标准体系、上海豫园商城服务标准体系、上海五角场商圈服务标准体系，以及上海民政系统养老机构服务标准体系等一系列项目，切实提高了上海现代化服务业的规范化和标准化水平。

（三）服务科技工作者

1. 强化标准化工程师人才队伍建设

为确保上海市标准化发展战略纲要的落实，受政府部门委托，协会开展了上海市标准化人员岗位资格培训、标准化工程师资格考试考前培训及继续教育培训等项目，至今已培养标准化人才数十万。

2. 积极开展活动，为会员单位服务

协会组织会员进行标准化知识、技能等各个层次的学术研讨、交流以及标准化示范区、标准化优秀企业的参观考察，参与了食品安全与标准化专题讲座等活动，活动覆盖社会各个热点，以适应和满足各会员单位发展战略需要的标准化知识、经验。

3. 开展重要标准宣传贯彻，提高标准化工作者的水平

标准的准确、及时的宣传贯彻对于标准的有效实施是至关重要的。近年来，协会坚持在综合标准化等重要国家标准出台时，第一时间邀请起草人进行讲解，并对团体会员和上海市标准化管理人员进行宣传培训。

（四）协会自我发展

1. 加强组织建设

会员是协会发展的根本。协会每年年初召开组织工作委员会会议，研讨新形势下协会发展的目标和措施，重点面向企业大力发展会员并制定会员发展计划及推出为会员服务的若干措施，把会员队伍壮大同协会服务拓展机遇协同考虑。

2. 加强专家团队和专职人员队伍建设

为了充分发挥标准化人才队伍的作用，适应协会开展工作的实

际需要，协会依托各行业建立了近 2000 人的标准化专家队伍和相关数据库，对于大力推进标准化战略、提升本市标准化工作水平具有十分重要的意义。

3. 加强信息平台建设

信息化建设的推进有利于增加各会员的沟通渠道及效率。协会建立了通讯员队伍，及时反映并交流各专委会活动情况，并在协会网站上予以展示，充分利用网络、微信等开展活动。

（五）未来发展方向

一是继续保持协会学术交流和人才培养的品牌项目，做好相关国际交流研讨、学术成果评审、标准化岗位培训、标准化工程师培训等一系列在社会上有一定影响力的项目，不断推进标准化服务社会的宗旨。二是探索转型发展，主动面向市场，积极承担高新技术、先进制造和工业服务企业的标准化项目，同时扩大协会在社会上的影响力，让社会更了解协会，也让协会能更好地为社会服务。

二、上海市船舶与海洋工程学会

上海市船舶与海洋工程学会（即原上海市造船工程学会）成立于 1951 年 2 月 25 日，现有团体会员 72 个，在册个人会员 5200 余人。设党政联席会，为会员代表大会和理事会休会期间的决策机构；下设秘书处和办公室。工作机构设：学术工作委员会（下设 10 个专业学组）、科普工作委员会、组织工作委员会、编辑部，两个代表机构（外高桥代表处、江南长兴代表处）。

（一）当前品牌项目

1. 以学术为核心，促进科技创新

学会紧紧围绕建设造船强国和海洋强国的战略目标，聚焦船舶与海洋工程产业发展热点和难点，开展学术活动，每年交流论文约500篇。精心培育综合性和系列性学术年会，先后承担上海市经济和信息化委员会委托的船舶产业"十二五""十三五""十四五"发展规划。

2. 承办好中国国际海事会展，促进中国船海工业做大做强

学会于1981年在上海成功创办第一届中国国际海事技术学术会议和展览会，每两年一届，至今连续成功举办20届。经过40年发展，中国国际海事会已成为亚洲第一、世界第二大海事会展。

3. 学会坚持以会员为本，做好会员服务工作的同时，不断丰富和加强科普活动的内容和支持度

为加强与远离市区的会员联系，学会特设外高桥代表处和江南长兴代表处，便于会员直接在代表处开展学术交流活动。建立会员管理工作网络，在团体会员单位设立联络秘书。创新举办青年科技工作者交友沙龙，听取意见建议。为会员提供信息服务，《会讯》刊物可在线阅读并下载。积极引导学生会员参加国际科技竞赛，并以"船文化"为抓手，定期举办科普讲座。

4. 积极开展国际合作交流，充实自我发展，努力建成国际著名海事学会

学会除与国际著名会展公司UBM合作成功承办中国国际海事会展外，还与英国、韩国、日本、美国等14个海外著名学术团体建立友好合作关系。积极参与和筹建泛亚地区海事学术团体组织的泛亚

海事工程学会联合会。

（二）未来建设计划

1. 精心组织学术活动，提高学术创新水平，尽力为船舶和海洋工程创新发展做出贡献

学会将开展更具吸引力、更前沿的中青年会员业务需要的学术活动、大师讲坛；探索组建学会的"船海工程发展战略研究室"，建立老中青相结合的智库；进一步把专家院士工作站工作做好，设立"辛一心大师船舶与海洋工程科技创新奖励基金"，鼓励中青年人才在船海工程有所突破；组织学生会员踊跃参加国际性竞赛活动，聘请境外友好学会负责人和著名专家加盟担任《船舶与海洋工程》杂志编委，并力争办成核心期刊。

2. 全力以赴办好中国国际海事会展

学会将充分利用互联网、物联网、数据库、大数据、移动通信等高新技术来提高、完善办会水平，提高国际竞争力。充分发挥学会在专业上优势，加强展会的产品评估，鼓励产品创新，不断提高展会的水平。

三、上海市公路学会

上海市公路学会成立于 1988 年。学会下设 10 个专业委员会，公开发行《上海公路》杂志并建有网站，开设一家独立法人的科技咨询企业。学会有会员单位 60 余家，个人会员逾 1500 人，汇聚了上海市政、公路、交运、城市交通管理、城市规划、道路运输、大专院校等一批在上海市政、公路建设、交通运输界有影响的单位及

一大批中高级技术人员、专家、学者、院士。

（一）服务科技创新

1. 学术活动

学会联合江苏、浙江两省，完成了长三角高速公路规划建设研究方案和高速公路信息互通研究方案，受到了二省一市政府和交通主管部门的好评，并运用到高速公路建设与管理中。2012 年上海与香港公路学会签署了开展科技交流备忘录，商定每年在两地轮流开展技术交流。2013 年 9 月首届"论坛"在上海举行。① 为解决近年来桥梁倒塌事故问题，学会与"同丰科技"公司协商，投资筹建了桥梁病害陈列馆。

2. 学术出版

每年学会都会启动编制上海道路交通学科发展研究报告项目，反映上海道路交通行业近年来学科发展情况、现状、优势与劣势等，提出未来上海道路交通行业学科发展的关键技术与政策的设想、建议。2011 年以来，《上海公路》杂志进行调整，增设行业咨询栏目，选稿重视总结并反映行业科技主要成果和经验，核心期刊影响因子明显提高。学会还对网站进行了改造升级，调整栏目，扩大信息量，信息价值得到了提高。

3. 成果转化

学会努力打造产、学、研一体化，促进科技成果转化。学会与奉贤区建委、奉贤区建设发展集团签署了科技合作协议，引进先进理念、科技成果，为奉贤区组织学术交流，推介"四新"技术、开

---

① 王阳：《学会工作成果建筑在区域道路上》，《上海科技报》，2016 年 6 月 29 日。

展科技教育、人才培养、科技攻关，同时组建科技研发中心。

4. 学术生态

学会制定了《上海市公路学会科技工作者道德准则》，规范了学会科学道德、会员科技道德行为。结合学会工作，重点把好期刊发表评定质量关，坚持科技评选和科技项目评审公正公开，"四新"技术推广保质保量。

（二）服务社会管理创新

1. 科技评估

学会获得市科协颁发的评价资质后，建立了专家库，建立了评估机构和评估流程，评估项目数量也逐年提高。学会注重技术标准制定，组织了系列性科普活动，发行了《上海公路》电子版，设立了"公路科技"微博，不断扩大宣传阵地。

2. 服务科技工作者

根据行业发展与会员单位的需求，学会组织了系列业务培训，主要有基础培训和继续教育。行业新法一旦颁布，学会便组织法规起草人解读，使学员深入了解立法背景、意图以及条款内容与意义。为了与会员联络沟通，学会建立会议联络制度。会员日活动每年一次，会员单位联络员活动一年两次。

3. 未来发展方向

未来学会将调整专业委员会作用，大力开展有价值的学术活动，积极推动学术交流、科技咨询、课题研究等工作。

四、上海市化学化工学会

上海市化学化工学会是一家具有近百年建会历史的市级科技社团，目前拥有 6500 多名个人会员，汇聚了上海市化学化工领域的专家、学者和一大批优秀科技工作者。

（一）服务科技创新

学会积极探索举办跨学科跨专业的学术交流，进一步放大学术交流活动成效。近几年学会比较关注顺应学科交叉、专业共融的大趋势，创建了上海华谊院士专家工作站，搭建了为企业科技创新服务平台。组织专家定期编写《学科、行业（产业）技术发展报告》。精心打造学会《化学世界》科技期刊，扩大社会影响力。《化学世界》期刊文章被美国化学文摘杂志引用率达 99% 左右。学会还进一步统一了思想认识，不断加强学会科学道德建设。

（二）服务社会管理创新

学会积极发挥科技人才优势，认真开展科技评价工作；在具体工作中坚持"三帮助"方针，帮助评价、帮助补缺、帮助提高；继续编写出版节能减排丛书；积极开展科学普及活动，促进全民科学素质提高；举荐科技人才，促进科技创新发展；发扬学会优良传统，积极开展助学互动。

（三）服务科技工作者

开展继续教育工作、优化知识结构是学会服务科技工作者的重要环节。学会将拓宽沟通渠道，编制"工作通讯"，举办好"会员日活动",征集科技工作者诉求,以科技工作者工作状况调查站点为平台,建立单位会员联络员网络。

(四)自我发展

拓展学会功能是学会自我发展的重要环节。"上海计算化学与化工工程技术研究中心"于2013年在华谊集团正式成立,以上海市化工企业为主要服务对象,开展专业技术讲座、企业现场技术服务、设立技术资讯平台和开展知识竞赛等活动,提高上海市化工企业安全水平。同时,学会重视人才培养,不断提高业余化学学校的建设质量;进一步发展壮大"化学化工科技进步奖励基金""学术活动基金""助学基金",夯实学会经济基础;进一步强化学会自身能力建设,不断拓展学会功能和社会公信力;进一步发挥院士专家工作站作用,不断加强为企业技术创新的服务功能;进一步提高为会员服务的质量,不断提升科技工作者的创新能力。

五、上海市计算机学会

上海市计算机学会成立于1984年6月,是计算机和信息技术科技工作者的群众性学术团体,以独立法人形式开展活动。理事会下设学术、科普、咨询、国际交流、组织、教育、青年等7个工作委员会及学会办事机构。

学术工作委员会下设理论于人工智能、网络、软件工程、数据库、多媒体、信息安全、金融、电子商务等13个专业委员会,专业方向涵盖了计算机学科的主要领域。

（一）服务科技创新

2011 年上海市计算机学会青年工作委员会成立，同时创办上海市 IT 青年前沿学术系列论坛。该项目至今已举办近 30 次，围绕"前沿互联网技术与应用""云计算的数据安全技术"等主题开展活动，受到了来自高校、研究所、企事业单位的青年工作者的欢迎与好评。

（二）服务社会管理创新

学会的主要工作是使更多的计算机企业在经济效益和社会效益上能有显著提升。2011 年，学会与上海智定科技股份有限公司建立院士专家工作站。10 年来，学会专家与上海智定科技股份有限公司开展业务咨询活动 30 余次。学会还积极开展科技评价，评价项目覆盖了高校、研究院、企业及"两新"组织等单位。

（三）服务会员和科技工作者

学会建立健全会员动态会籍管理系统，通过学会网站、学会公共微信平台、会籍系统群发功能等方式联系会员，发放会议通知及学会简讯。结合学会专业委员会学科领域，学会坚持每月编撰该领域学术动态发送给会员。学会还设立了会员联络制度，坚持举办会员日活动，开展会员职业道德教育。学会持续为会员申报上海市科协"晨光计划"和"飞翔计划"提供服务，并在内部表彰优秀青年会员，提升会员积极性。

（四）未来工作设想

学会进行了《上海市计算机学会办公室管理条例》等相关制度建设，对专职工作者采取选拔聘用制度，推动人员结构向年轻化和专业化发展。学会理事会召开周期为一年二次，实行民主决策制度和学会重大事项报告制度。学会主动参与关联产业发展，为政府部门和相关产业建言献策。为了更好发挥模范带头作用，学会不断团结行业力量，通过人才举荐等方式，在各个层面提升学会工作。学会还进一步支持学会青年工作委员会工作，希望民营企业及外资企业计算机会员踊跃加入；进一步提升学会的社会公信力，加强学会文化建设和宣传力度，扎实开展科普活动，更好服务会员；进一步完善专职人员教育培训等相关福利，鼓励专职人员吸收科技新知识，增强履职尽职能力。

六、上海市服饰学会

上海市服饰学会成立于 1985 年，经上海市民政局注册，属上海市科学技术协会，挂靠于东华大学（原中国纺织大学）和上海纺织控股（集团）有限公司（原上海市纺织工业局），是全国服装、服饰界第一家成立的学术性科技社团。学会在发展创新道路上，依托东华大学强大的科研教育力量与上海纺织控股（集团）公司专业优势，汇集了众多服装服饰业专家和精英，拥有一批国家级专家学者（如包铭新等）和设计师（如刘小钢等），拥有一批非物质文化遗产传承团队、传承企业和传承个人。目前学会下设职业服与校服、旗袍、西服、配饰四个专业委员会，从专业层面为学会提供有效的支撑。

（一）品牌项目

学会围绕服务科技创新，有四大品牌特色活动：一是从 1999 年起，连续 20 多年参与协办"上海国际服装文化节"；二是在上海市科协支持下，从 2010 年开始，每年举办一届"上海国际拼布艺术节"；三是开展科技评价工作，更好为社会与会员单位服务；四是以探索服饰品牌为着眼点，从 2008 年首次为"上海市科协 50 周年庆"展示旗袍秀开始，每年都开展有关服饰论坛或展示活动。

（二）发展目标

学会努力加强和推进以服饰为核心的办事机构建设，以严谨的科学态度提升学会的学术氛围，以务实创新的精神状态面向社会，探索学会办事机构的改革创新。学会运用现代网络创建新的创新和研发服务平台，通过各专业委员会开展推动时尚发展的服饰文化活动，营造出良好的科学人文环境。2014 年，学会成立了发展部，安排专职人员进行发展工作，通过构架发展交流平台，传播服饰文化理念，同时开展跨界联动，吸引更多的服饰品牌加入学会，共同前进。

（三）未来建设计划

学会将进一步加强网站建设与安全，提供实用性的信息服务会员，让学会的服务职能真正有所发挥；定期举行"服饰设计师的培育与创新"学术论坛，从服饰设计师的角度研讨如何培育本地服饰品牌走向国际市场，如何培育年轻的服饰设计技术人才更快成功，促进更多年轻设计师成为上海时尚产业与国际时尚产业发展的枢纽与桥梁，为上海成为一个始终追求时尚的、最前沿的国际大都市而努力；继续团结和吸引更多的服饰科技工作者参与；加强同国内外服饰时尚界的合作，同世界时尚之都如香港、巴黎、米兰、纽约等地区进行交流与合作。

七、上海市硅酸盐学会

上海市硅酸盐学会成立于 1948 年，经过 70 多年的发展，目前已有注册个人会员 2000 余名，其中具有中、高级职称的会员占了近九成。学会有多名中科院和工程院院士，有上海高校、科研院所和部分企业组成的团体会员 20 余家。学会办公地点及挂靠单位是中国科学院上海硅酸盐研究所。学会的最高权力机构是会员代表大会，理事会是执行机构，其下设三个工作委员会：学术交流委员会、科学普及委员会、组织工作委员会。学会一直重视青年人才的培训、举荐、推介及交流工作，重视无机新材料的学术交流和科学普及工作，重视学会的科学道德和学风建设工作。学会以各种交流形式，了解当今新型无机新材料产业的发展动向，充分利用学会的信息资源、人才资源、技术资源，主动为上海及周边地区企业的技术提升和产学研合作做好服务，取得了一定成效，赢得了良好声誉。

（一）服务技术创新

学会积极开展各类学术与技术交流活动，组织研讨会、专题技术交流会、技术讲座和座谈会，编写产业和学科发展报告。学会还积极推进产学研合作交流，2012 年至今，学会与上海微创骨科医疗有限公司签订了产学研合作意向书，与浦江窑业公司签署了产学研合作协议；同时，学会主动联系高校、科研院所和企业交流合作事项，促成高校同上海市玻璃陶瓷企业建立了毕业生实习、项目合作交流制度。

（二）服务社会管理创新

学会积极开展科技评价工作，承接了多项企业委托的科技评价和技术鉴定，典型的项目有：2013年为浙江古越龙山公司进行的"玻璃窑炉漏料及耐火材料严重侵蚀"技术评价与鉴定等。此外，学会积极参与决策咨询和建言建策，2012年完成的"上海水泥行业协同处置城市废弃物的现状和前景"项目建言专报，得到了上海市科协专家评审组的肯定，同时经过修改提炼，提出了如何处置上海市大量固体废弃物的建议和策略。学会紧抓科普和技术培训工作，多次组织召开科普工作会议，尤其是积极鼓励青年科技工作者参会，还组织专家积极参与行业标准的制定。

（三）服务会员和科技工作者

目前学会建立了联络机制，制定了各种规章制度，并向各类专业奖励评选推荐人才。学会认真做好科技评价和技术鉴定工作，不断扩大自身影响，出色完成了承接政府职能转变的相关工作；同时，学会还进一步推进产学研合作与交流工作，争取为企业的发展、为科技成果的转化做出务实贡献。

八、上海市航空学会

上海市航空学会成立于1988年，在上海市科协的领导下和中国航空学会的指导下开展工作，其宗旨是繁荣和发展我国航空事业，促进航空科技战线出成果、出人才，促进航空科学技术的普及和推广。学会现有团体会员40余个，个人会员近1200名，绝大多数具有高级职称。学会下设专家委员会和空气动力学、航空电子学、航空机械工程、自动控制、材料科学与工程、飞行技术、航空维修工程、特种飞行器和管理科学等9个专业委员会，另设组织、学术、科普教育和国际交流等4个工作委员会，以及办公室、秘书处等办事机构。①

上海市航空学会自成立以来，紧紧围绕我国航空产业的发展，团结全体专兼职干部和广大会员，开拓进取，勤奋工作，充分发挥人才荟萃、知识密集的优势，积极发挥好桥梁和纽带作用，卓有成效地组织了大量高水平的国内外学术交流、航空科普、教育培训、人才举荐、科技咨询、决策咨询和国际展会等活动。学会举办的上海国际航空航天展暨国际学术论坛、国际少儿航空绘画赛和航空夏令营已成为学会品牌项目。上海市航空学会已成为上海地区航空业界具有较强凝聚力和社会影响力的学术性科技团体，为促进上海地区和国家的航空事业发展做出了应有的贡献，取得了瞩目成绩，充分体现了学会的存在价值。

（一）服务科技创新

上海市航空学会每年积极开展国内外学术交流活动，有国际性学术论坛、综合性学术年会、与其他学会联办研讨会、举办上海国际航天技术与设备展览会等。学会曾负责承担"上海市工业发展'十二五'规划"中"民用航空航天"发展的中期评估，并编写《上海市民用航空产业"十二五"发展重点执行情况概况》。

（二）服务社会管理创新

学会对申请成立科技评价机构以及成立航空科技评价组织机构

①《热烈祝贺上海市科协第11届学术年会暨上海市航空学会2013综合性学术年会召开》，《民用飞机设计与研究》，2013年增刊第2期。

和专家库等工作非常重视。开展科技评价是学会自身发展的需要，学会汇聚了上海航空科技界精英，是集智力密集、人才荟萃、地位超脱等于一体的权威性科技组织，完全有能力承担航空科技领域评价职能。学会每年举办科普活动 40 余场，还积极参与每年上海的科技节、科普日、科技周等主题科普活动，形成了具有较大影响的三大传统品牌航空科普活动，包括国际少儿航空绘画比赛、上海市青少年航空夏令营和上海市"航宇杯"静态比例模型比赛等。

（三）未来发展方向

学会将进一步加强继续教育与培训，积极开展会员活动，建立健全团体会员联络机制；完善和建设学术期刊，宣传国内外航空科技动态，刊登优秀学术论文，以促进航空业界经验交流；提出更多具有社会效益性、改革性、影响性的建议，为中国大飞机的发展建言献策。

九、上海市抗癌协会

上海市抗癌协会于 1986 年正式成立，目前共有团体会员单位近40 个，会员近 2000 名，主要为肿瘤临床医务工作者。业务主管单位是上海市科协，行政主管单位是上海市社团管理局，挂靠单位是复旦大学附属肿瘤医院。目前协会下设康复姑息治疗、胃肠肿瘤、传统医学、肿瘤影像、肿瘤病理、肿瘤介入、胰腺肿瘤、乳腺肿瘤、妇科肿瘤、头颈肿瘤、肉瘤、胸部肿瘤及肿瘤微创治疗等 13 个专业委员会与 1 个前列腺肿瘤诊治中心。学会以科普宣传为己任，坚持不懈地开展综合性、多层次、多学科的学术交流和科普活动，在大力拓展与国内外的交流和合作等方面发挥了积极的作用，并荣获多项奖项。

（一）服务科技创新

协会及各下属专业委员会、复旦大学肿瘤医院等以联合主办、协办等各种形式开展的学术会议、学术活动致力于充分交流学术思想，活跃学术氛围，提高学术水平。

（二）服务社会管理创新

协会于2012年获得上海市科协科技评价机构资质。协会及各专业委员会着力于推广普及抗癌防癌科学知识，组织开展各种科普活动，履行社会公益职责。协会及所属专业委员会每年都会积极开展不同形式的公益活动，如科普讲座、义务咨询、免费体检、电台讲座等，受到了上海社会各界群众的赞誉。

（三）服务会员和科技工作者

协会及所属专业委员会十分重视肿瘤各学科的继续教育和人才培养，充分发挥放各自健全的临床教育基地和学科优势，积极向中国抗癌协会申请并举办各类国家级、省市级继续教育学习班。

（四）品牌建设计划

学会已创立上海市抗癌协会科技奖，成立了上海市抗癌协会科学家工作室，每年开展上海市抗癌协会公益月活动，并举办每年一届的上海市抗癌协会肿瘤年会，成立了上海市抗癌协会肿瘤研究基金会。

十、上海市老科学技术工作者协会

上海市老科学技术工作者协会成立于 1984 年，原名上海市退（离）休科技工作者协会，1991 年经上海市民政局核准登记为社团法人，1996 年更改为现名称。协会是上海市科学技术协会下属的一个科技团体，也是中国老科学技术工作者协会的团体会员。① 目前，协会会员达到 11000 余人，其中个人会员 8500 余名，具有高级职称者约占 60%，是一支具有坚实理论基础和丰富实践经验的技术和管理队伍，也是科学技术领域宝贵的人才资源。协会充分发挥广大会员的专业特长，团结和组织广大老科技工作者，量力而行、尽力而为，为科技进步、经济繁荣、社会发展和民族振兴，为构建和谐社会做出贡献。协会关心和维护老科技工作者的合法权益，反映老科技工作者的意见和建议，以会员为本，努力将自身建设成为老科技工作者之家。

协会分设土建、轻化、纺织、电力、电子、造船、机械、医学、药学、财经、质量管理、农业、综合、线带绳、食品 15 个专业委员会，以及科委、上科院、中科院上海分院和中国轻工业上海设计院 4 个工作委员会。协会另设组织宣传、科普教育、学术、咨询、康乐和女会员 6 个职能委员会，办公室为理事会的办公机构。协会积极开展科学普及、学术研究、技术咨询、医疗咨询和康乐联谊等活动，举办各种类型技术培训班。此外，协会还设置技术咨询翻译服务部、

---

① 《上海市老科技工作者协会》，《今日科苑》，2017 年第 8 期。

科普服务部，开展对社会的有偿服务。

（一）服务科技创新

技术咨询部在协会分管会长和技术咨询工作委员会的领导下积极开展决策论证、技术咨询、技术服务，咨询形式有口头咨询、现场调研、可行性论证、产品开发、技术攻关、技术顾问、机械设计、建筑设计、质量体系认证咨询、引进技术资料及技术情报和国际会议报告翻译等。

（二）服务社会管理创新

协会组织会员积极开展决策咨询和专家建言活动，取得了一定成效，得到了有关领导机关和社会的肯定。协会出台了《专题调研项目管理暂行办法》，制定了具体实施细则，完善了一整套管理机制。协会努力整合资源，依托各方，拓展科普教育工作的品牌效应。上海市老科协科普讲师团自 1996 年成立以来，不仅在协会内部，而且面向社区、学校和基层单位，紧跟形势、针对需求，开展了形式多样、丰富多彩的科学普及活动，为提高公共科学素质发挥了重要作用。协会还坚持开展志愿者活动，目前协会科普志愿者近 200 人。

（三）未来发展方向

协会将继续深入学术研究，在国计民生方面加强理论研究，夯实建言献策的基础，为政府部门出谋划策；同时，积极拓展科技咨询，面向中小企业，采用"走出去、引进来"的方式做好决策咨询服务，搭建"知识产权转化生产力"的桥梁。协会还将继续做好科普工作，开展社会公益活动，增强中华伦理道德和社会主义核心价值观的宣传教育，提高人民群众的科学和道德素养。特别是聚焦为老服务，协会将根据目前为老服务事业的发展，积极参与护理人员的培训工作。

第十章

科技社团推动科技创新治理体系建设的发展战略

结合国外科技社团有益经验，立足我国经济社会与科技创新的发展需求，笔者主要从营造科技创新文化氛围、推动科技创新主体协同治理、搭建科技创新信息交流平台、发挥科技创新枢纽集聚效用、集聚各类科技创新资源等方面，以配合建构具有全球影响力、领导力、辐射力的科技创新中心为根本目标，重新定位和明确科技社团在我国科技创新治理体系中的角色作用与发展战略。

第一节　制约科技社团促进科技创新功能施展的体制障碍

我国社会组织长期对政府过度依赖，导致各种问题不断凸显，其中最主要的体制性障碍表现在以下方面：

第一，我国科技社团培育机制薄弱。目前我国科技社团在数量上一直处于高速增长状态，但仍然存在国际声誉不高、缺乏具有全球影响力的大型科技社团、综合性功能不强、缺乏在全球范围内集聚科技创新资源的能力等突出问题。对照习近平总书记所提出"努力成为世界主要科学中心和创新高地"的发展要求，当前我国科技社团的数量与质量都不足以支撑这一目标的实现。造成这一现状的主要原因是科技社团培育机制改革不够彻底，不同等级科技社团之间的发展差距过大。

我国民政部门每年都会为包括科技社团在内的社会组织进行评估定级。此举初衷是为了鼓励优质的社会组织脱颖而出，带动提高我国社会组织整体发展水平。一般来说，等级越高的科技社团获得政府购买服务或奖励的机会就越大，其在年度检查和税收政策方面也能享受相应的优惠待遇。但长此以往，星级社团同一般社团之间的差距便逐渐显露出来，尤其是在科技创新资源分享、组织管理能力建设等方面开始出现显著差异。各级科协组织往往更愿意向等级较高的科技社团提供人力、物力和财力，甚至是各种培育和晋级机会。这就导致一般科技社团难以获得足够的政府购买服务或委托服务，因而也就无法通过必要的能力锻炼与资金支持得到长足发展。因此，必须改变只按星级、不论其他的"一刀切"管理模式与资源配置方式，探索建立差别化的分类培育和管理机制，以满足不同科技社团的个性化发展需求。①

第二，我国科技社团规划机制缺失。在现有管理法规引导和约束下，大部分科技社团对自身发展定位和具体工作方向都有比较清晰的认识，但从顶层设计角度而言，我国科技社团在共同助推科技

---

① 吴超、张健明：《科技社团参与创新型城市社会治理的机制研究——以上海建设"全球科创中心"为例》，《学会》，2017 年第 12 期。

创新发展方面尚未形成真正的合力。一般来说，不同星级和实力的科技社团在承接具体工作时，其扮演的角色与发挥的作用是不同的。实力较强者主要在专业领域引领前沿发展，实力较弱者则主要完成各级科协组织安排的科学知识普及等任务，但两者之间并不存在不可逾越的鸿沟。实力较弱者需要树立品牌意识，实力较强者也需要发挥示范带动作用。为此，必须发挥好我国特有的科学技术协会这一级组织优势。各级科协组织应当强化总体规划意识，提高分类指导水平，帮助各类科技社团在科技创新治理体系中找准自己的发展定位，协助它们制定符合地方经济社会和科技发展需要的工作方案。①

第三，我国科技社团管理机制滞后。我国尚未出台针对科技社团行为规范及其管理的专门法律法规，现有社会组织管理法例并不能完全涵盖科技领域社会组织发展过程中遇到的特殊情况及具体问题，尤其是在关于知识产权保护、科技资源共享等方面亟须提升立法层次并完善法规细节。此外，我国各级财政对科技社团的政策扶持体系仍需进一步优化与细化，特别是在税收优惠方面，现有减免税力度仍然偏低。与一般社会组织服务收益相比，科技社团通过提供科技咨询服务所获得的收益往往较高，在这一块税收上不能简单采取一视同仁的管理态度。同国外相比，我国科技社团自我造血功能也明显偏弱。大部分科技社团经费来源单一，无法做到"广开财源"；社会公信力与会员凝聚力不足，导致会费及企业、社会捐赠收

---

① 吴超、张健明：《科技社团参与创新型城市社会治理的机制研究——以上海建设"全球科创中心"为例》，《学会》，2017年第12期。

入杯水车薪，只能通过各地科协或挂靠单位直接拨款保障生存。[①]

第四，我国科技社团的社会认同有待提升。科技社团对政府依赖严重，运作机制不够透明，使公众对其独立性与权威性表示质疑。由其评选的科技奖项公信力在本专业领域虽有一定影响度，但其受社会整体认可和接受程度低下，导致其科技咨询服务市场化和社会化困难重重。此外，政府同社团、社团同社团之间的沟通渠道不畅，政府与科技社团信息不对等，支持科技社团发展的公共信息基础设施薄弱，公共信息流通不畅。[②] 政府科技职能虽有转移，但承接者寥寥，且局限于少数具有政府背景或规模较大、实力较强的科技社团。

第二节 妨碍科技社团参与科技创新协同治理的实践瓶颈

妨碍科技社团参与社会协同治理的实践瓶颈，主要体现在以下方面：

第一，科技社团在我国科技创新治理体系中的主体地位有待强化。由于尚未摆脱对政府的依赖关系，科技社团还难以发挥出独立自主的治理主体作用。再加上，现有法律法规尚未对科技社团的维

---

① 吴超、张健明：《科技社团参与创新型城市社会治理的机制研究——以上海建设"全球科创中心"为例》，《学会》，2017 年第 12 期。

② 郗永勤、陈鑫峰：《我国政府科技管理职能转变与科技社团发展问题探究》，《学会》，2009 年第 6 期。

护与运行形成针对性的规范细节，导致社会公众对科技社团的公信力和影响力缺少必要的认同和关注。尽管包括上海在内的一些地区已经率先拉开科技社团管理制度改革序幕，尽量简化了科技社团登记管理的相关流程与手续，但科技社团数量并没有发生大幅提升。同公益慈善类和社区服务类社会组织相比，科技社团的准入门槛依然偏高。造成这一现象的原因之一是某些地区仍然固守落后观念，对科技社团在同一区域内的成立进行严格限制，对科技社团之间的合理竞争也采取一禁了之的态度。①

第二，我国科技社团内部治理结构与组织管理体系有待完善。一个组织严整、管理规范、治理有效、运行平稳的科技社团内部，应当拥有一套比较完备且高效的人力资源管理机制，特别是在专职人员教育培训、职业规划、社会保障等环节，应当具备比较规范的组织流程与管理体系，这样才能增强科技社团对专职人员的职业吸引力。但同国外相比，我国许多科技社团的内部治理结构比较落后，其组织运行机制仍主要仿效政府部门的行政管理模式，因而存在活动效率低下、对市场和科技动态反应迟缓等问题。②

第三，我国科技社团会员服务质量有待提升。由于沿用政府部门行政管理思维和模式，许多科技社团热衷于承接政府科技职能转移和开展企业技术咨询服务，对会员的成长和发展反倒关爱不够。一些科技社团的年会或定期大会没有明确的会议主题和目标，只是为了满足年检要求而办会。这导致会员无法从社团这里获得自身需要的

---

① 田万龙：《科技社团发展面临的问题与对策》，《科技社团发展与国家创新体系建设——2007 中国科协年会第十五分会场论文集》，2007 年。
② 吴超、张健明：《科技社团参与创新型城市社会治理的机制研究——以上海建设"全球科创中心"为例》，《学会》，2017 年第 12 期。

服务和信息。久而久之，科技社团就会失去内部凝聚力，会员对科技社团的归属感和认同感也会受到很大影响。此外，一些科技社团内部普遍存在"外行服务内行"的情况，专业科技人才不愿意过多介入科技社团运维工作，而负责社团日常管理的专职人员则又不懂专业，造成科技社团专业服务能力有限、整体管理水平不高。①

第四，我国科技社团市场竞争意识与能力有待增强。我国科技社团大多接受主管部门或挂靠单位的领导，自主意识不强。其中，不少科技社团习惯于接受上级指令，从事一些公益性的科学普及工作，而不敢或不愿致力于科技创新或社会服务；在面对外部机遇和挑战时，往往缺乏必要的市场竞争力。由于立法上对科技社团行为的规范和约束不够细致，导致一些效率低下的社团难以被市场淘汰，政府层面的一些优质资源也难以通过社团之间的良性竞争予以合理配置。②

第三节 科技社团推动科技创新治理体系
建设的发展路径

党的十九届五中全会明确提出，必须"把科技自立自强作为国家发展的战略支撑"，"完善国家创新体系，加快建设科技强国"。③

---

① 吴超、张健明：《科技社团参与创新型城市社会治理的机制研究——以上海建设"全球科创中心"为例》，《学会》，2017 年第 12 期。
② 田万龙：《浅析学会改革面临的问题与对策》，《学会》，2007 年第 11 期。
③ 《中国共产党第十九届中央委员会第五次全体会议公报》，《人民日报》，2020 年 10 月 30 日。

这对包括科技社团在内的全社会科技创新治理主体的未来发展与作用发挥提出了更高要求。另外，近年来国际大都市纷纷加大对科技创新的重视程度，力图从财富中心、资本中心转向科技创新中心，许多特大型城市已成功转型为全球创新网络节点城市，北京、上海、深圳等城市也正在加紧推动"具有全球影响力的科技创新中心"建设。建设全球科技创新中心离不开具有国际影响力的科技社团的支撑，目前我国缺少这样的实力雄厚的科技社团，因而必须加快创新科技社团培育和发展模式。

一、科技社团的未来发展模式

笔者认为，应从体制机制构建和资源配置优化等两个方面，提出以"社会化、专业化、网络化、信息化、国际化"为核心，以加强资金扶持、完善人力资源配置、推动信息技术应用、深化平台合作基础为抓手的科技社团突破式发展新模式。

首先，从体制机制建设上看，按照《中共中央关于全面深化改革若干重大问题的决定》《国务院机构改革和职能转变方案》以及《上海中长期科学和技术发展规划纲要（2006—2020）》要求，针对当前科技社团培育发展及其参与社会治理的突出问题，可以从以下几个方面提出科技社团推动科技创新治理体系建设的体制机制改革意见：

一是完善基于"五化"的科技社团发展机制。所谓"五化"，是指"社会化、专业化、网络化、信息化、国际化"。"社会化"是以社会需求为导向，履行社会职能，提供社会服务，坚持自身社会化运作。"专业化"是指面向社会大众的专业化指导，面向政府职能的专业化服务，面向社团本身的专业化管理。"网络化"是利用信息技术依托网络优势建立社会治理信息系统，利用网络平台开展社团、企业、高校、科研院所之间技术合作。"信息化"是指面向社会大众及时更新社团活动信息，面向社团会员及时提供相关技术信息，面向政府部门及时接收购买项目及职能对接等信息。"国际化"是指发展国际会员，建立国际科技基金，创办国际化信息传媒，设立国际性合作开发项目和奖项，开展国际交流与人才互访。

二是建立健全各地科协等枢纽型科技社团。我国科技管理体制的一大优势是具有科协组织这一类的团体，可以使各种科技类社会组织在这一枢纽型团体引领、规范和保障下开展和谐有序的合作与分工。这是西方发达国家不具备的特点之一，也是我国应继续坚持的显著优势。但要发挥其枢纽性作用的前提，是科协组织必须在政府支持、专业引导上保证权威性和影响性，在科技社团的培育和管理上做到公正、公平、公开，拥有独立自主的资源配置能力。在这些条件下，要进一步明确各级科协的指导与监督功能，大力培育科技类"枢纽型"社会组织，引导各类科技社团健康可持续发展。通过科协组织的带动，促进科技社团自身能力建设，树立品牌意识，加强自律和诚信建设，推进管理层专业化和职业化进程。

三是完善政策及财政支持体系。健全公共财政对科技社团的资助和奖励机制，在科技社团自身建设方面不断加大扶持力度，落实税收优惠政策，逐步建立科技类社会组织扶持发展专项基金。

四是运用政府购买服务促进职能转移。改变科技社团对政府相关部门的隶属关系，制定出台政府向各类科技社团购买服务的具体实施细则。利用政府购买服务或委托服务等方式，激励科技社团承接政府科技职能转移。在职能转移的具体方式上，可以采用委托授权（适宜专业技术资格的评审与认定、技术培考、质检、继续教育等）的方式、契约方式（适宜权利义务类的职能转移）和招标方式（适宜项目类的职能转移）进行。[1]

其次，从资源配置优化上看，在全球科技创新中心的建设过程中，通过推动科技进步促进经济发展、提升综合国力和全民科学素质的同时，包括科技社团在内的科技类社会组织还肩负着塑造创新文化、营造创新氛围、促进创新环境建设的使命。为了更好满足科技中介、决策咨询、技术培训等诉求，应当加紧在科技类社会组织培育与发展方面优化各种资源配置，这些资源包括：

一是人力资源。科技社团的人力资源部门应当改变传统的人事管理模式，加强对专职管理人员职业培训、资格考核和岗位选拔的重视，将其中的优秀管理人才作为社团的稀缺资源进行整合与配置。当然，这些专职管理人员也要加强对科技社团的认同感和归属感，不断提高自身对岗位职责、生涯规划和事业价值的认识。[2]

二是市场资源。西方发达国家一般通过市场化运作模式，为科技社团寻求必要的人力资源和项目资金。[3] 目前我国一些科技社团的工作方式和运行机制仍未完全实现现代社会组织的发展需求，市场化意识不足，"等靠要"思想严重，无法将自身独特品牌高效转化为可持续发展资源。[4] 因此，如何引导科技社团合法获得科技金融

---

[1] "中国科协科技团体接受政府职能转移与对策建议"专题调研组：《科技团体接受政府职能转移与对策建议调研报告》，《学会》，2005 年第 4 期。

[2] 吴良军：《福建省科学技术协会的人力资源管理的对策研究》，天津大学硕士论文，2006 年。

[3] 黄浩明、刘银托：《科技类社会团体发展报告》，《学会》，2012 年第 6 期。

[4] 田万龙：《浅析学会改革面临的问题与对策》，《学会》，2007 年第 11 期。

领域的投融资资源，合理运用这些市场资源开展自主建设与运行，是当前亟须解决的重要问题。

三是信息资源。北京中关村的经验显示，以往在科技创新治理活动中，政府与科技社团的信息往来并不顺畅，彼此互相掌握的信息量也不对等。这就阻碍了政府部门对科技社团开展活动的了解，也制约了科技社团从政府处及时掌握各种有效信息。同时，我国科技社团信息化水平依然偏低，难以满足广大科技工作者的多样化科技服务需求。①

二、科技社团的未来发展路径

首先，从政府层面来看，一是要完善政策支持体系，综合运用财政补贴、税收优惠、项目资助、部门采购等手段，提高科技社团参与科技创新治理的能力。二是要立法加强科技社团管理，结合全球科技创新中心建设目标，研究出台各类科技社团提供相应科技服务的指导意见与实施细则。三是要探索改进政府购买服务和委托服务方式，合理引入市场化竞争和调节机制，提高科技社团科技服务供给质量与水平。②

其次，从市场层面来看，一是要加强科技社团同企业之间的联系，推动科技社团在行业技术标准制定、科技创新成果转化、产业技术咨询研究等方面，同相关企业展开深层次的交流与合作，从而

---

① 黄浩明、刘银托：《科技类社会团体发展报告》，《学会》，2012 年第 6 期。
② 杨铭铎：《科技社团应为科技服务发挥重要作用》，《黑龙江日报》，2014 年 9 月 30 日。

提升其市场化科技服务能力。① 二是要激发企业及其个人参加科技社团的积极性，鼓励非公有制高新企业及其科技人员加入相关企业联盟或科技社团，并充分利用上述平台，促进高新企业同高等学校和科研院所之间的信息交流与研发合作。

最后，从科技社团层面来看，一是要树立科技社团国际品牌，形成具有国际影响力的学术会议、科技论坛，以及中外交流合作项目。二是要发挥科技社团智库作用，促进其更广泛地参与跨学科跨行业的科学研究与专业论证，更积极地承担国家和地方经济社会发展重大课题项目的攻关任务。三是要加强科技社团内部治理，在现有组织管理体系基础上推动其职业化与专业化发展，并通过不断完善包括财务管理、民主决策、自我监督等在内的各项规章制度建设，提升科技社团的科学化、民主化、法治化水平。②

此外，还要发挥科技社团自身独特的引导作用，这些作用主要体现在以下方面：其一，协同建设"全球信息交互中心平台"，成为全球科技行业最新信息的产出、集散、周转中心，在全球信息网络中发挥重要节点功能；其二，探索建立科技投融资管理的创新模式，实现全球科技及其资本配置的集聚，形成科技创新、创意的资本"风投"集中地；其三，协助发挥全球经济科技战略领导力，通过企业联盟、科学家协会等科技社团，云集一批世界级科学家和工程师，从民间渠道吸收全球顶尖人才和高端产业成果；其四，分类建设不同层次高新企业及企业家的社会共同体，根据小微企业、中型企业、

---

① 郗永勤、陈鑫峰：《我国政府科技管理职能转变与科技社团发展问题探究》，《学会》，2009 年第 6 期。

② 田万龙：《浅析学会改革面临的问题与对策》，《学会》，2007 年第 11 期。

高端企业的不同发展需求，设立不同层次的科技社团，制定不同的发展纲领；其五，引导社会营造创新驱动的文化氛围。

第四节 科技社团推动科技创新治理体系
建设的对策建议

结合新发展阶段我国科技创新治理要求与发展趋势，笔者在厘清科技社团角色定位和功能特征的基础上，提出促进科技社团推动科技创新治理体系建设的若干对策建议。

首先，要创造一个良好的体制机制环境。必须建立健全同科技社团组织、运行、管理和服务密切相关的法律体系和政策体系，加快制定促进科技社团参与全球科技创新中心建设的实施细则。必须明确科技社团的独立法人资格，规范科技社团的社会行为，维护科技社团企业成员和个人会员的合法权益。必须充分发挥科技社团的专业优势与人才优势，加快建设科技创新生态环境建设，在全社会引领建立尊重劳动、尊重科学、尊重人才、尊重创造、包容失败的文化氛围。

其次，要打造一批知名的枢纽型科技社团，通过扩大其国际影响力，助力中国早日建成世界科技强国。必须兼顾对科技社团的定向培育与分类培育，根据不同类型科技社团的特点，选择一些有实力和有潜质的科技社团进行重点培养和品牌建设，鼓励其在国家重大科技创新领域取得突破。① 必须尽快确立其独立的社会主体地位，通过建立平等的合同关系，提高科技社团承接政府科技职能转移的能力和水平。

再次，要建立一套完善的科技社团内部治理体系。必须落实科技社团依法自治和依法监管并举，加强科技社团在民主决策、自我监督、自我管理、自我服务等方面的制度化建设，形成符合现代社会组织体制要求的内部治理结构。这一结构具体表现为独立自主、权责明晰、运行有序、科学民主等。此外，要培养一支专职与专业相结合的科技社团人才队伍。必须做好科技社团的人力资源管理工作，强化科技社团未来发展的总体规划。在推动科技社团专业化和职业化进程中，进一步完善科技社团管理人员在职业资格、职称评定、社会保障等方面的规章制度，从而激发其对科技社团的认同感、归属感和荣誉感。②

最后，要构建一个开放的科技信息交互平台。必须发挥我国在科技领域特有的制度优势，借助各地各级科协组织网络，搭建国内国际联通、资源高效共享的科技信息交流平台。这个平台不仅会是全国科技信息交流互通的重要载体，更将是我国科技社团走向世界、同全球各地科技社团进行科技资源及讯息共建共享的主要媒介。通过这一平台功能，我国科技社团将进一步提高自身国际化水平，并更加高效地投入国家乃至世界科技创新治理。③

---

① "中国科协科技团体接受政府职能转移与对策建议"专题调研组：《科技团体接受政府职能转移与对策建议调研报告》，《学会》，2005 年第 4 期。

② 吴超、张健明：《科技社团参与创新型城市社会治理的机制研究——以上海建设"全球科创中心"为例》，《学会》，2017 年第 12 期。

③ 同上。

参考文献

[1] [美] 沙希德·优素福、[日] 锅岛郁著：《创新：为什么小国家做得更好？——新加坡、芬兰和爱尔兰的快速发展及其背后原因》，侯小娟译，上海交通大学出版社 2016 年版。

[2] 夏季亭：《创新驱动发展战略与高校科技创新研究》，科学出版社 2014 年版。

[3] 纪宝成：《创新型城市战略论纲》，中国人民大学出版社 2009 年版。

[4] 胡宝民：《地方高校科技创新协同机制与管理研究》，河北大学出版社 2007 年版。

[5] [美] 伯顿·克拉克主编：《高等教育系统：学术组织的跨国研究》，王承绪等译，杭州大学出版社 1994 年版。

[6] [美] 伯顿·克拉克主编：《高等教育新论》，王承绪等译，浙江教育出版社 2001 年版。

[7] 王欣：《高校科技成果转化机理与对策研究》，科学出版社 2017 年版。

[8] 梁祥君：《高校科技创新联盟及体系》，合肥工业大学出版

社 2008 年版。

[9] 周静：《高校科技创新体系的理论与实证研究》，高等教育出版社 2010 年版。

[10] 沈凌：《高校科技创新团队有效性形成机理与评价模型》，知识产权出版社 2016 年版。

[11] 曾卫明：《高校科技创新团队自组织演化研究》，哈尔滨工程大学出版社 2010 年版。

[12] 陈运平：《高校科技创新与经济发展的理论与实证研究》，光明日报出版社 2009 年版。

[13] 陈丰：《高校科技创新中科研经费"放管服"改革对策研究》，经济管理出版社 2018 年版。

[14] 秦尚海：《高校科技道德教育论》，中国海洋大学出版社 2010 年版。

[15] 朱佳妮：《高校科技评价若干重大问题研究》，中国人民大学出版社 2015 年版。

[16] 陈洪转：《高校科技评价体系》，科学出版社 2013 年版。

[17] 吴俊清：《高校科技政策体系建设及其实效分析》，知识产权出版社 2014 年版。

[18] 屠启宇主编：《国际城市蓝皮书·国际城市发展报告（2015）：国际创新中心城市的崛起》，社会科学文献出版社 2015 年版。

[19] 王兵兵：《国际创新城市的横向比较、发展模式与启示借鉴》，《决策咨询》，2013 年第 5 期。

[20] 中国科学技术协会学术部主编：《国外科技社团期刊运行

机制与发展环境》，中国科学技术出版社 2007 年版。

[21] 中国科学技术协会学术部主编：《科技期刊建设与科技社团发展》，中国科学技术出版社 2007 年版。

[22] 尹承恕：《科技社团决策咨询探索》，辽宁科学技术出版社 2015 年版。

[23] 金吾伦主编：《跨学科研究引论》，中央编译出版社 1997 年版。

[24] 杨红旻：《美国高校科技资源配置研究》，西安地图出版社 2012 年版。

[25] 朱文辉：《美英德日科技社团研究》，中国科学技术出版社 2019 年版。

[26] 刘念才：《面向创新型国家的高校科技创新能力建设研究》，中国人民大学出版社 2006 年版。

[27] 杜德斌：《全球科技创新中心》，上海人民出版社 2015 年版。

[28] 高山：《全球科技创新中心建设研究》，人民出版社 2017 年版。

[29] 屠启宇、张剑涛：《全球视野下的科技创新中心城市建设》，上海社会科学院出版社 2015 年版。

[30] [美] 加尔布雷思著：《如何驾驭矩阵组织》，张洁林译，清华大学出版社 2011 年版。

[31] 周振华：《上海建设全球科技创新中心：战略前瞻与行动策略》，上海人民出版社 2016 年版。

[32] 李平：《上海全球科技创新中心建设》，社会科学文献出

版社 2015 年版。

［33］肖林：《问策全球科技创新中心》，格致出版社 2015 年版。

［34］王伟光：《我国地区高校科技创新能力评价报告》，经济科学出版社 2015 年版。

［35］杨文志：《现代科技社团概论》，科学普及出版社 2006 年版。

［36］花之蕾：《专利运营理论视角下的高校科技成果转化研究》，河北科学出版社 2020 年版。

［37］李志强：《中国高校科技企业可持续发展研究》，清华大学出版社 2006 年版。

［38］张九庆：《自牛顿以来的科学家》，安徽教育出版社 2002 年版。

［39］鲁兴启：《贝塔朗菲的跨学科思想初探》，《系统辩证学学报》，2002 年第 4 期。

［40］李金奇、冯向东：《被学科规训限制的大学人文教育——一种学科归训制度的视角》，《高等教育研究》，2006 年第 9 期。

［41］蔡余峰：《创新社会管理　服务社团发展》，《学会》，2012 年第 2 期。

［42］危怀安、吴秋凤、刘薛：《促进科技社团发展的税收支持政策创新》，《科技进步与对策》，2012 年第 3 期。

［43］韩进：《"大学科观"视域下高校协同创新科研平台建设研究》，《哈尔滨学院学报》，2015 年第 3 期。

［44］熊华军：《大学虚拟跨学科组织的原则、特征和优势——

以麻省理工学院 CSBI 运行机制为例》，《高等教育研究》，2005 年第 8 期。

［45］万力维：《大学学科等级制度的建构逻辑》，《高等教育研究》，2006 年第 6 期。

［46］翟亚军、王战军：《大学学科建设模式的嬗变》，《现代教育管理》，2009 年第 7 期。

［47］席酉民、郭菊娥、李怀祖：《大学学科交叉与科研合作的矛盾及应对策略》，《西安交通大学学报》（社会科学版），2006 年第 1 期。

［48］庞青山、薛天祥：《大学学科制度的建设与创新》，《中国高教研究》，2004 年第 5 期。

［49］庞青山、曾山金：《大学学科制度内涵探析》，《现代大学教育》，2004 年第 4 期。

［50］周朝成：《当代大学中的跨学科研究》，《高等教育研究》，2009 年第 7 期。

［51］徐渡：《德国气水专业科技协会简况》，《中国标准化》，2001 年第 3 期。

［52］孙俊华、高健：《地方高校学科建设的协同创新之路研究》，《中国研究生》，2014 年第 11 期。

［53］王玉玺、郑旭、葛继平：《地方高校学科建设协同创新路径研究》，《中国成人教育》，2014 年第 15 期。

［54］杜德斌：《对加快建成具有全球影响力科技创新中心的思考》，《红旗文稿》，2015 年第 12 期。

［55］柳婷、钟书华：《芬兰 ICT 创新网络的构成分析》，《科技

管理研究》，2008 年第 10 期。

[56] 张忠迪：《高校科技创新体制和机制存在的问题及对策研究》，《科技管理研究》，2010 年第 11 期。

[57] 王键、王水平：《高校科研管理组织结构创新研究》，《科技管理研究》，2007 年第 11 期。

[58] 谢敏、刘晓光：《高校科研管理组织结构创新研究》，《教育科学》，2015 年第 2 期。

[59] 邱玉敏、党红星：《高校跨学科知识团队提升机制研究》，《中国成人教育》，2012 年第 22 期。

[60] 肖翰、陈小娟：《高校在创新型城市建设中的作用》，《今日科苑》，2013 年第 24 期。

[61] 谢辉：《高校在创新型城市建设中的作用分析》，《才智》，2013 年第 29 期。

[62] 傅冠平、潘海天：《构建学科群　加快学科建设》，《化工高等教育》，2003 年第 4 期。

[63] 中国土木工程学会：《关于美国土木工程师学会的调研》，《学会》，2003 年第 9 期。

[64] 盘明德：《关于推进科技社团承接政府部分职能工作的思考》，《社团管理研究》，2007 年第 2 期。

[65] 秦威：《关注科技民生是科技社团的历史使命》，《学会》，2010 年第 7 期。

[66] 徐珺：《国际科技园区发展历程、经验与新趋势》，《科学发展》，2014 年第 5 期。

[67] 梁洪力、李研：《国家创新体系绩效评价的基本框架》，

《中国科技论坛》，2014 年第 1 期。

[68] 赵婵、张宏翔：《国外科技社团期刊经营策略的分析与借鉴》，《科技与出版》，2012 年第 12 期。

[69] 邹宝德：《韩国硅谷——大田市科技创新发展的实践与理念》，《安徽科技》，2010 年第 1 期。

[70] 张钢、陈劲：《技术、组织与文化的协同创新模式研究》，《科学学研究》，1997 年第 2 期。

[71] 谢恭芹、丁邦平：《建立科学学习中心网络，深化科学教师专业发展——英国科学教师专业发展及其启示》，《比较教育研究》，2007 年第 9 期。

[72] 刘云英：《矩阵式管理模式探析》，《现代商贸工业》，2008 年第 12 期。

[73] 孙新兵：《矩阵式管理在高校科研管理中的应用》，《闽江学院学报》，2017 年第 4 期。

[74] 王景胜：《矩阵组织结构在继续教育项目管理中的应用》，《新西部》，2013 年第 1 期。

[75] 吴翠丽：《科技伦理：风险社会治理的应对之策》，《前沿》，2008 年第 12 期。

[76] 吴超、张健明：《科技社团参与创新型城市社会治理的机制研究——以上海建设"全球科创中心"为例》，《学会》，2017 年第 12 期。

[77] 戚敏：《科技社团参与决策咨询的 SWOT 分析》，《学会》，2009 年第 6 期。

[78] 龚勤、沈悦林、严晨安：《科技社团承接政府职能转移的

相关政策研究——以杭州市为例》，《科技管理研究》，2012 年第 6 期。

[79] 王建华、李敬德、文晓灵：《科技社团承接政府转移职能的若干问题》，《中国科技产业》，2013 年第 7 期。

[80] 赵立新：《科技社团绩效评价四维框架模型研究》，《科研管理》，2011 年第 12 期。

[81] 周延丽，周向阳，刘松年：《科技社团学术交流对人才成长的影响研究》，中国科协学术交流理论研讨会，2008 年 5 月 26 日。

[82] 刘松年、李建忠、罗艳玲：《科技社团在国家创新体系中的功能及其建设》，《科技管理研究》，2008 年第 12 期。

[83] 陈涛：《跨学科教育：一场静悄悄的大学变革》，《江苏高教》，2013 年第 4 期。

[84] 姚蒙、周群英：《跨学科学习的教学组织体系构建》，《黄冈师范学院学报》，2018 年第 1 期。

[85] 王建华、程静：《跨学科研究：组织、制度与文化》，《江苏高教》，2014 年第 1 期。

[86] 张金磊：《论大学学科组织的历史演变与发展趋势》，《黑龙江高教研究》，2014 年第 2 期。

[87] 刘献君：《论高校学科建设》，《高等教育研究》，2005 年第 5 期。

[88] 周延丽、张太玲、熊阳：《论科技社团的社会网络特性》，《学会》，2009 年第 8 期。

[89] 陈何芳：《论我国大学跨学科研究的三重障碍及其突破》，《复旦教育论坛》，2011 年第 1 期。

[90] 邓光平、郑芳：《论研究型大学在美国科技创新中的作用》，《黑龙江高教研究》，2007 年第 6 期。

[91] 姜晓秋、陈德权：《论政府信任视域下的非营利科技中介机构政策选择》，《公共管理》，2006 年第 10 期。

[92] 李丽刚、谢成钢：《MIT 跨学科研究探析》，《学位与研究生教育》，2004 年第 12 期。

[93] 黄琴、刘松年、张太玲、熊阳：《美、德及香港地区科技社团运行案例分析及其启示》，《管理观察》，2008 年第 12 期。

[94] 程如烟：《美国国家科学院协会报告〈促进跨学科研究〉述评》，《中国软科学》，2005 年第 10 期。

[95] 夏婷：《美国科技社团参与决策咨询的体制机制及其对我国的启示——以美国科学促进会为例》，《学会》，2013 年第 8 期。

[96] 习近平：《努力成为世界主要科学中心和创新高地》，《求是》，2021 年第 6 期。

[97] 金仲良：《努力提升科技社团自身能力建设，积极主动承接政府职能转移》，《现代管理科学》，2007 年第 4 期。

[98] 刘霞：《浅论美国公共卫生学会的运行模式》，《中国公共卫生管理》，2005 年第 2 期。

[99] 马海涛、方创琳、王少剑：《全球创新型城市的基本特征及其对中国的启示》，《城市规划学刊》，2013 年第 1 期。

[100] 杜德斌、何舜辉：《全球科技创新中心的内涵、功能与组织结构》，《中国科技论坛》，2016 年第 2 期。

[101] 李文江：《日本促进中小企业科技创新的政策法律研究》，《决策探索》，2011 年第 12 期。

［102］方文：《社会心理学的演化：一种学科制度视角》，《中国社会科学》，2001 年第 6 期。

［103］郑杭生：《社会学学科制度建设在中国的发展》，《新视野》，2002 年第 5 期。

［104］明轩：《〈世界高等教育宣言〉概要》，《教育发展研究》，1999 年第 3 期。

［105］吕潇：《"枢纽型"科技 NGO 概念的提出及学术交流职能回归》，《发展研究》，2012 年第 12 期。

［106］关立新、韦滨：《探索地方高校人事激励机制改革新途径》，《经济研究导刊》，2008 年第 3 期。

［107］陈惠娟：《提升学会服务能力，增强科技社团活力》，《中国科技产业》，2014 年第 2 期。

［108］季晶：《推进高校协同创新提升科研服务能力》，《科教导刊》，2011 年第 12 期。

［109］林敦榕：《我国科技社团的管理创新探析》，《学会》，2003 年第 7 期。

［110］苏洋、赵文华：《我国研究型大学如何服务全球科技创新中心建设——基于纽约市三所研究型大学的经验》，《教育发展研究》，2015 年第 17 期。

［111］郗永勤、陈鑫峰：《我国政府科技管理职能转变与科技社团发展问题探究》，《学会》，2009 年第 6 期。

［112］陈劲、阳银娟：《协同创新的理论基础与内涵》，《科学学研究》，2012 年第 2 期。

［113］隗斌贤：《学会要在实施科技创新驱动发展战略中发挥

职能作用》，《学会》，2013 年第 1 期。

[114] 王建华：《学科承认的方式及其价值》，《国内高等教育教学研究动态》，2012 年第 19 期。

[115] 钱佩忠、宣勇：《学科发展：大学战略规划的基点》，《教育发展研究》，2006 年第 23 期。

[116] 贾莉莉：《学科视角下的中美研究型大学学院设置比较分析》，《中国高教研究》，2009 年第 7 期。

[117] 王建华：《学科、学科制度、学科建制与学科建设》，《江苏高教》，2003 年第 3 期。

[118] 吴国盛：《学科制度的内在建设》，《中国社会科学》，2002 年第 3 期。

[119] 王新德、吕红芝、周培：《以大项目为载体促进学科交叉加快高校科技创新》，《成都理工大学学报》（自然科学版），2003 年第 11 期。

[120] 王顺义：《英国皇家学会：现代科技社团的起源和典范》，《科学（上海）》，2010 年第 6 期。

[121] 张举、胡志强：《英国科技社团参与决策咨询的功能分析》，《科技管理研究》，2014 年第 2 期。

[122] 万兴旺、赵乐、侯璟琼、王莹、姜福共：《英国科技社团在科学传播和科学教育中的作用及启示》，《学会》，2009 年第 4 期。

[123] 卢为民：《增强高校服务城市科技创新的对策研究——以上海为例》，《教育发展研究》，2014 年第 23 期。

[124] 赵万里、李军纪：《知识生产和科学的自组织——科劳

恩的科学建构模式研究》,《自然辩证法通讯》,1999 年第 1 期。

[125] 张庆玲:《知识生产模式Ⅱ中的跨学科研究转型》,《高教探索》,2017 年第 2 期。

[126] 中国科协考察团:《中国科协"科技社团在国家创新体系中的作用"赴法德意三国考察报告》,《科协论坛》,2008 年第 4 期。

[127] Philip Mirowski, Robert Van Horn. *The Contract Research Organization and the Commercialization of Scientific Research.* Social Studies of Science, 2005 (4).

[128] Harsh, Matthew. *Nongovernmental organizations and genetically modified crops in Kenya: Understanding influence within a techno-civil society.* GEOFORUM, 2014 (5).